ENDING VIOLENT CRIME
A Vision Of A Society Free Of Violence

A Community Building program
tested and proven successful
under the most adverse conditions
A report of a successful prison program
By Manitonquat Medicine Story
of the Wampanoag nation
Author photo by Annie Holt

Traducción al Español:
ACABAR CON LA DELINCUENCIA:
Una Visión de una Sociedad sin Violencia

(Programa de Creación de Comunidades
que ha resultado satisfactorio
en las condiciones más adversas).

Presentación de un programa idóneo para las prisiones.
Por Manitonquat (Medicine Story),
de tribu Wampanoag [Nativo Americano].
Foto de Manitonquat: Annie Holt

La traductora al Español es
María del Rocío Sosa del Cerro.

ISBN: 9-781456-584825
©1996, 2011, English version, ©2001, 2011 Español

Thoughts

An eye for an eye leaves the whole world blind.
                              -Mahatma Ghandi

When you plant lettuce, if it doesn't grow well, do you blame or punish the lettuce? You ask questions, look around, and try to understand why it is not growing well. Perhaps it needs less or more sun, different fertilizer, more minerals, more water. Why would you blame the lettuce? Yet if we have problems with our friends, family, workmates, or people generally, how many people blame the other person? If we focus instead on caring for them, they will grow well like a lettuce. Blaming, punishment, and trying to persuade using reason and arguments, do not work. Understanding works. I gave a talk about not blaming the lettuce once. Later, I heard a young girl say to her mother, "Mommy, please remember to water me. I'm your lettuce." I was so happy that she had so completely understood my point.
                              -Thich Nhat Hanh

"We are only truly alive when we are connected"- Kahlil Gibran

In the developed countries, there is a poverty of intimacy, a poverty of spirit, of loneliness, of lack of love. There is no greater sickness in the world today than that one. Everybody today seems to be in a hurry. No one has any time to give to others: children to their parents, parents to their children, spouses to each other. World peace begins to break down in the homes. The greatest suffering is to feel alone, unwanted, unloved. The greatest suffering is also having no one, forgetting what an intimate, truly human relationship is, not knowing what it means to be loved, not having a family or friends. It is we, who, with our exclusion and rejecting, push our brothers and sisters to find refuge in alcohol and become drunks. They drink to forget the deprivation of their lives. Perhaps what people lack is not clothes or food. Perhaps they lack love, because I do not give it to them? Peace begins with a smile.
                              - Mother Theresa

1

Published with permission
Manitonquat/Medicine Story
Story Stone Publishing
167 Merriam Hill Rd
Greenville, NH 03048   USA
www.circleway.org
©1996, 2011, English version

Some of the material in this booklet was printed originally in the publications *Heritage* and *The Talking Stick*. This book does not necessarily reflect the opinions or positions of any agency or organization. The sole purpose of sharing this with you is to support proactive community building efforts, and effective rehabilitation programs.   No-one associated with this book is a medical professional, so no medical advice could be construed from anything in this book. Some of the ideas in this originate in other cultures, particularly in the Systems Theory paradigm, and make the most sense considered in that context. Heart-centered material like what Manitonquat puts out can be difficult to accurately portray with the printed word, so the first two sections introduce material that is either understood or obvious in face-to-face discussions with him.

Steven Covey, author of "*Seven Habits of Highly Effective People*", has said that problems cannot be solved from the level they were created at, that one must seek a new level of understanding. This guide, in my opinion, successfully addresses a problem many consider intractable, by doing just that.   It is a pleasure to be a part of it.

Someone may ask "What is the Good Red Road?" For the author, it is the path that our elders tried to show us that is in harmony with Creation, a road we find with our hearts, and walk in a sacred manner. To walk in a sacred manner, our elders said, is to make every step upon Mother Earth a prayer. For us prayer is always Thanksgiving. We give thanks whenever we come together, whatever we do, waking to a new day, eating, working, playing, making love, sleeping - giving thanks makes us conscious of every breath, of every moment. If we can keep to that Red Road of conscious awareness, we can show a path that our children and unborn generations can follow in safety, health, harmony, and beauty.

Violence and kindness are each gifts that keep on giving, generation after generation. People experience them, and pass them on. Manitonquat refers to criminals as victims.   This does not mean the usual sense of lack of responsibility. This refers to the current holders of a chain of violence, passed down through generations, who can either pass on the trauma, or end it. People are responsible for their choices, of course, but choices are always made in a context.   Manitonquat means simply to say that it is time to break the chain of violence, not make it worse. The chain is broken with kindness. This is very similar to ideas expressed by the 14th Dalai Lama, Tenzing Gyatso. I can envision a society free of violence, based on what is presented here. Thank you, Grandfather Manitonquat, for allowing us to share your guide, and ideas.

2

Table of Contents

Note from the Editor....................4
STORIES and PERSONAL EXPERIENCE 10
DEDICATIONS............................16
Foreword to the New Edition...........17
INTRODUCTION   Crime and Punishment. 21
PROLOGUE How It Began for Me 28
CHAPTER 1: A New Category.............34
CHAPTER 2: The Circle 39
CHAPTER 3:   Rebirth..................46
CHAPTER 4: Counseling 51
CHAPTER 5:   Reality and Human Nature
...................................56
CHAPTER 6:   The Next Step 64
CHAPTER 7:   An Elder's Notes 70
CHAPTER 8:   Letters 75
CHAPTER 9:   An End to Crime   . 82
EPILOGUE 88
MAXIMS 93
RESOURCES............................94

SPANISH: ACABAR CON LA DELINCUENCIA:.......96
NOTA DEL EDITOR.....................98
NARRACIONES y EXPERIENCIAS PERSONALES 104
DEDICATORIAS........................111
INTRODUCCIÓN: Crimen y Castigo......112
PRÓLOGO. Cómo empezó todo para mí...119
CAPÍTULO 1. Una nueva categoría.....126
CAPITULO 2. El Círculo..............132
CAPÍTULO 3. Renacer.................140
CAPÍTULO 4. Asesoramiento...........145
CAPITULO 5. Realidad y Naturaleza
Humana..........................151
CAPÍTULO 6. El siguiente paso.......159
CAPITULO 7. Anotaciones de un anciano.
...............................165
CAPÍTULO 8. Cartas desde la cárcel..170
CAPÍTULO 9. El fin del delito.......177
EPÍLOGO.............................184
MÁXIMAS.............................190
RECURSOS............................191

Note from the Editor

Www.circleway.org lists books and other products of the author. His books include *Return to Creation*, *The Circle Way*, *The Original Instructions*, and *Wampanoag Morning: Stories from the Land of the People of the First Light Before the English Invasion.*

I first heard of Manitonquat in his role as a Storyteller, from one of his books. His literature identifies him as a Native American elder, spiritual leader, and Keeper of the Lore for the Assonet band of the Wampanoag Nation; an internationally recognized storyteller who uses the history, traditions, and stories of his ancestors and other native people to teach practical ways of enriching the experience of childhood, strengthening the family, and developing trust between individuals to keep the spirit of community alive.

He spoke at a Connecticut Storytelling Conference[1] I attended - where he presented a technique very similar to one he uses in prisons [described later in this forward]. I had taken my daughter- she was as fascinated by the stories he told as I was. I next heard him in my daughter's school, where he kept over 100 young children fascinated and riveted to their seats during his 1.5 hour presentation. He does storytelling presentations in schools and elsewhere.

He is extremely modest, and like many Native Americans I've dealt with, very patient and pleasant. Unlike our schools, where information is dolloped out in measured doses, and absorption is measured with standardized tests, traditional Native American education is strictly based on interest. If a student shows no interest, nothing is said. When a student starts showing sincere interest, information is given, but only sparingly, really only enough to tantalize. This means students get more and more interested, start seeking out information on their own, and change their mind set to be much more receptive, since that is the only way to get more fascinating information. The only test is experience, and results, and service to others.

The legendary psychologist Milton Erickson could achieve permanent changes in his clients' behavior, solely through storytelling- yet this is nothing new to Native Americans. One typically has to patiently pry and ask intelligent questions that reflect sustained focus on a positive purpose to get anything from Native elders. It is worth the time- the traditional culture equivalents to doctors spent a 30 year apprenticeship

---

[1] a subsidiary of the National Storytelling Association, www.nsa.org

4

before being allowed to practice on their own, 3 times as much as our doctors get, and they kept their business only if they could heal successfully. The TQM concept of constant improvement is nothing new to Native peoples. I had no idea Manitonquat was doing anything like the program described here, at first, he doesn't boast or brag, he answers questions evenly and politely, feeding interest only.

Native approaches to learning, in my experience, are the reverse of what we do. For example, in learning about a medicinal plant in a native culture, one would see it in context, alive, where it grows, learn what conditions it preferred, what it was good for, see it from seed to dying husk, and really understand it, and its medicinal and utilitarian uses, before learning its name. Our own botanical classes would start with a name and a dead illustration in a book, or a dead dried husk, and perhaps not even cover the rest of what could be known.

I cannot imagine a native healer ever having a gross anatomy lab, for example. The emphasis is on health, ideal state, and keeping or returning people to that state, rather than on problems, diseases, and dead things. It is as if Native people are interested first and primarily in the energy and spirit of what they study, and only incidentally in the material aspect, while our own culture seems to have precisely the reverse orientation. I see this in this program- instead of looking at the purely material, Manitonquat knows there is an ideal state, and that people bearing the worst appearance can be awakened and inspired to return to that ideal state. They entered the door of existence in that state.

It is fun to grow old in a traditional native culture- that is when one can start having fun, really learning what one missed when young, when there is respect, when one can really start getting into awareness and spiritual growth. Period literature recording early contact with Native cultures notes that it was not unusual for Native elders to live past 100 years of age, living very pleasant, rewarding lives. In my culture, I see people dropping dead of heart attacks in their 40's and 50's, worn out. Gary Witherspoon, an anthropologist, asked a 55 year old Navajo man why he'd said nothing in a council. The man responded, "Well, I'm still so young, really you have to be over 70 to know anything worth saying."

As a person, Manitonquat has a smile like the morning sun, and clearly comes "from the heart" in all he does. I heard from another person about Manitonquat's idea of "give-away", that one goal in life is to gather all the awareness one can, and then to pass it out freely to those who are interested. He says he does storytelling in schools because the children help teach him how to stay centered. I have thoroughly enjoyed his stories, especially his telling of the story of Degonawida, who brought the 6 nations of the Iroquois [Haudenosaunee] confederation together in peace.

Stories are very powerful- we live our stories. In the Civil War, troops willingly marched into cannon fire, because they were living out their stories, of Revolutionary War heroes. People have faced impossible odds, fortified with inspiring stories. Stories are a fun, holistic way to learn. I can see it possible that his own storytelling efforts, and the efforts of other storytellers, some who don't yet know they are master talecrafters, may well bring our nation together in peace.

This program has been tested under the most adverse conditions possible- in prisons. Perhaps some might be put off by that- yet, if it is a good program, don't you think it ought to work under the most adverse conditions? I saw a presentation on another prison program some years ago. The main instructor made a very interesting point: he said that it was easier for inmates to succeed in the program, because they could see the walls... whereas people on the outside found it harder to see their walls.

I've heard that called a "reframe". We assign meaning to things. "Reframing" takes an event, and simply puts new meaning around it. I was told once by a military trainer that *"if it doesn't kill you, it makes you stronger"* and *"the best steel takes the hottest fire and the hardest blows"*. That was a whole new way to look at stress, for me. Another point one will see in this program is its grounding in Systems Theory. Western culture is still largely stuck in a Cartesian, Newtonian world where the whole is the sum of the parts, of materialistic, adversarial approaches.

Systems Theory approaches accept that the whole is more than the sum of the parts [e.g., you are much more than the mere sum of your bones, organs, skin, and so on], where it is possible to make great changes by understanding the system, where "win-win" mutual interest approaches are tried first. One common symbol for a system is the circle- think of maxims like, "*What goes around, comes around.*" "Win-win" approaches are fun- once you get through the other side's suspicions, you get to a neat solution that benefits everyone, much faster. Who would really want to object to a solution where everyone benefits, anyway? Why on earth hasn't our culture thought of win-win solutions before?

One sees Systems Theory applied in business management by W. Edwards Deming, Margaret Wheatley, Peter Seng, and others. In personal development, Steven Covey's "*The Seven Habits of Highly Effective People*", and other writers, apply it. In Economic Development, John Kretzmann's book, "*Building Communities from the Inside Out*", very nicely crystallizes it. Systems Theory ideas are changing the way our culture does things. This manual offers a new ideas on community building, not so much from a Native American perspective, but from the perspective of human beings, as the author says. I suggest to you that perhaps we are all in our metaphorical prisons - of ignorance, and judgment, and lack of awareness.

To use two well-known stories as examples of teaching stories, the story of Brother [Br'er] Rabbit and the Tar Baby is actually an African teaching story, on the power of resentment. One must be mad with resentment and rage to get stuck in the sticky goo of known consequences to negative actions, don't you think? The story of the three little pigs is entertaining, and at some level it also points out the consequences of choosing one's belief systems from ideas that sway in the winds of fashion, like grass, or ideas that are offshoots of core truth, like sticks, or ideas that are tested in the fire of experience. Grandfather Manitonquat is a master of the teaching story. One is included later in the text.

Systems approaches try to get multiple use from one element- stories in indigenous cultures are not only entertaining, they also pass on cultural values, as well as developing the perception of those who listen. Systems approaches also waste nothing- they find a useful place for everything and everyone. A Nazi state would be inconceivable in a culture with a Systems Paradigm. The psychologist Milton Erickson was very gifted in his work - precisely because his polio-induced handicap caused him to be very observant. His work is beautiful to behold. Yet under that fascist state, he'd have been considered useless surplus, not worth feeding. Do we not also consider groups of people in our culture useless surplus, because we have "labelled" them, and separated them from what we consider humanity? We have cut ourselves off from a useful part of humanity, and we are the worse for having done so. Les Brown was labelled "educably mentally retarded", in school. Today he is a millionaire. He dates the change to when a teacher asked him if he was going to allow his life to be shaped by someone else's label.

This manual describes the beginnings of what could become a model of community similar to self-sufficient Cherokee Peace Villages. These were sort of a combination college town and homeless shelter, run by

7

very spiritual people. They were also places of refuge; those who had committed crimes, if they could get to one, were untouched as long as they stayed there. After a year, they were free to go- and whatever had caused them to commit crimes was gone, the spiritual people made sure of it.

Peace Villages lasted right up into the 1830's. The tradition was so strong they accepted Colonial refugees, and escaped slaves. This was a major factor in Andrew Jackson's decision to deport the Cherokee on the "Trail of Tears" to Oklahoma, where 75% of the marchers died en route. One finds counterparts in the temple of Hercules at Canopus, Egypt, Durham Cathedral, Pu'uhonua Honaunau in Hawaii, and even the Bible, which cites 6 refuge cities. The industrial revolution of the 10th century, in Europe, came out of the monasteries. Some Taoist communities in China, especially during the Ming and Sung dynasty, were very similar. Peace Villages were totally self-supporting, too- so there was no cost to the taxpayer.

Systems approaches are much cheaper. For example, "Indian cattle", deer, required only that fields next to forests be burned in the fall, so that the deer's favorite foods would grow in abundance. European settlers preferred the much more labor intensive route of keeping domestic cattle. You figure it out, I can't- how can you beat a system that requires almost no work?

The author emphasizes that this program is not based in any religion. However, I find it totally in accord with Matthew 25: 35-36, and could provide Muslim and Buddhist references on request, for those who feel they need them. In a Systems Approach to culture, as the author might say, it makes no sense to separate "religion" from "philosophy" and "science". They are all different faces of one thing- there is no conflict. Elvis Presley used to sing a song about Deacon Jones in church on Sunday, and foreclosing on widows and throwing them in the street on Monday. This kind of compartmentalization is not really possible in a culture based on Systems approaches.

I heard once that the military was the concentrated essence of America- that it somehow combined small town America with Alice in Wonderland and Franz Kafka. Whether it is or isn't, is it not also the essence of competition, of the adversarial approach? Adversarial contests can be Kafkaesque, with elements of the Red Queen. I've heard lawyers where I work say that the best legal solution is one where no-one is happy. Is that any way to run a society? Or even our Kafkaesque prison system?

Do you see something wrong with that picture? No-one wins in a war. Surely there is a better way.

As I finish writing this, I heard a 12 year old friend of my nephew say that his ambition in life was to be a "hit-man". He's from a good family, he's a good kid, his mother is a teacher, and he lives in a middle class neighborhood. It really shouldn't have shocked me, this is the dream job portrayed in our media, isn't it- who among the male readers hasn't dreamed, at least once, of trading places with James Bond? Yet I would ask you, is that really a useful cultural ideal? How can that ideal male role model solve any problems? The former commander of American troops in Afghanistan noted recently that we cannot kill our way to victory there. We also can't punish our way to victory, anywhere..

Dale Carnegie noted in his book *How to Win Friends and Influence People* that people we might think of as very bad- from Al Capone to others like him, in the 1930's - never thought of themselves as bad people. They thought of themselves as misunderstood, good people in bad situations. The most vilified, evil appearing criminal knows he has some human core, deep down. We need to find better ways of bringing that out, instead of seeing only the bad part.

Violence and kindness are both learned behaviors. People do it to you, and you pass it on. They are gifts that keep on giving. What do we want to pass on, to the unborn children of the future? In my state, Steven Hayes has just been convicted of a home invasion and murders, as I write this. An interview with him in a newspaper noted that he felt great pain, and wanted to pass it on so others would know how he felt. He did so. He was in and out of jail all his life. Society made an investment in him, in violence[2]. It got a Return on Investment. Jean ValJean, in *Les Miserables*, was totally changed by the bishop's candlesticks. What a pity no-one bothered to invest in candlesticks for Steven. Candlesticks are cheap.

We don't know what a healthy community is- all we know is the pathology of the average. Whatever has been done in the past, what we are doing now isn't working very well. We need new approaches, new visions of the ideal, and a much healthier paradigm to base them on. I'm delighted to be a part of offering this new approach.

Mick Paterson

---

[2]Parvez Musharrif, former Prime Minister of Pakistan, noted in his book *In the Line of Fire* that dysfunctional families and communities are the breeding ground of terrorists in his country.

STORIES and PERSONAL EXPERIENCE

Manitonquat's approach is very much that of a storyteller in a traditional culture. I cannot in good conscience release this manual without including a short description of the presentation he made to the Connecticut Storytelling Association conference in New London, CT, in March, 1996. He noted that storytelling may well have been the first art. Perhaps it was the first journey into something other than the eternity of the now. Aristotle noted in his "Poetics" that mythology/poetry/ history don't tell what happened- they tell what always happens.

One of Manitonquat's favorite stories is of porpoises, a favorite animal of his coastal tribal nation. His grandfather told this story; he could tell it in 5 minutes, or telescope it to an hour or more, depending on the audience. *It seems there was a huge monster terrifying the people- it had many sharp teeth, and was very big, and was tearing up nets, attacking people, and generally causing trouble. Moshaup [a cultural hero] went to talk with the monster, first. Respect is the first rule of life, and the second is patience- so Moshaup tried both. However, the monster refused to listen, or to stop causing trouble. Moshaup eventually noticed his patience wearing thin, so he decided to hunt the monster. He gave chase, and was able to stick his spear in its back. It felt nothing though, and the handle broke off. The spearhead stayed, though, and it did some good, as it warned people that the monster was approaching- they could see the spearhead cutting through the water.*

Moshaup then went to the porpoises. He knew that porpoises liked humans, though they thought humans were much too serious at times. He told them they were very smart [as indeed they are- their brains, especially the cerebral cortex, are larger than human brains, both in size and by comparison to body weight. Porpoises may have gone back to the sea, along with whales, and they've had a very long time to perfect their culture.] He asked them to do something about the monster. The porpoises said the monster had sharp teeth for weapons, and was very mean, and they avoided it. Moshaup responded that he knew they were very intelligent, that the porpoise's weapon was brains, and that they could figure out a solution to the monster, but that he didn't and couldn't know what it was.

The porpoises formed a council circle, [where one can see each person, where all are equal, in a circle, the source of power in Native culture] and each spoke in turn. The first said that they lacked the education and training to take on the monster- they couldn't fight, they were non-violent. The second wasn't sure exactly what they should be doing; they weren't trained warriors, and couldn't take on such a big fish- there was certainly no reason to do what they couldn't do. The third said that they were smart, and so could figure out an answer. The fourth said, "Oh, I know, listen, what we're good at is playing, and having fun. Why not do what we do best already? What do you say we play with the monster? We're experts at fun, and having a good time. He'll either have to loosen up, or leave, or go nuts." They all agreed it was a good plan. Besides, we know that a path is correct when there is fun attached to the activity, because that is how the Creator marks out the correct path for us. If you can solve a problem having fun, you know the solution is the right one.

And that's just what they did. They crowded round the monster, and started turning cartwheels, jumping and diving. The monster fish was very serious, and tried to swim away quickly, but the porpoises were too fast, and kept up with him. One would bite his tail, and when the monster turned to get him, two more porpoises would swim in and poke the monster with their dorsal fins, while another would but the monster in the stomach with its beak. The monster was driven to distraction, and eventually dived so deep the porpoises couldn't follow, and went away and never returned. The porpoises told their cousins, the dolphins, about the monster, and they all thought playing with monsters was a great idea. It is so to this day- if you see porpoises or their cousins, the dolphins, playing in the water, you may be sure no sharks are about, as the porpoises will drive them away.

In the Native American world view, generally, ideal human interaction occurs on the model of a circle. What goes around comes around, you attract what you are, the cycle of the seasons, from Spring growth to Summer heat to Autumn reflection to Winter hibernation, all of this is summed up in the circle. The circle of the fireplace, the drum, a dwelling, the horizon, the power of the world comes from circles, as Black Elk said.

Manitonquat cited Mother Theresa, who on a visit to this country, said that people weren't starving for food, but that they were starving for love. Father Thomas O'Brien, in his book *"You Can't do it Alone"*, on his very successful drug rehabilitation program, Daytop, notes the same thing- that addicts worldwide are starved for the energy that flows naturally in a healthy community. Tony Flaherty, formerly an addictions counsellor for the U.S. Navy, notes that alcoholics' thirst for spirits is an unfocused thirst for spirit- and that cultures that tend to have many alcoholics tend also to have deeply spiritual tendencies, from Ireland to Russia and others.

Alcohol and drugs are involved in over 80% of all crime, I've read. Perhaps cravings associated with them are misdirected longings for energy no longer available in our pathologically inadequate communities.

I thought of the long spoon story. In this story, a man goes to hell, and notices that no-one can eat, because they have extremely long spoons, and instead they fight with the spoons; he goes to heaven, where they have the same spoons - and people FEED EACH OTHER, and Reverend Ike's "*you can't take it with you, but you can send it on ahead*". All of this and much more is evoked by the circle. Councils occur in a circle, and in a circle, one can see everyone's eyes, and all are equal. In Chinese *Feng Shui* design theory, straight lines are regarded as out of balance, and meanders and circles as being in balance.

Where does your sense of Self stop? For many Americans, the sense of Self stops at the skin. This is a very peculiar idea, one that many people in the world today would find very strange. A community is a circle of people who have a sense of self beyond their skin, where people communicate and work together on goals for their common good. Community is for humans what the hive is for bees. It might be people who share the same place, or people who are related, or people who share the same interests. Isn't "Community" self the web of the small, seemingly unimportant things- perhaps little courtesies, or favors, kindnesses, looking out for others, a smile or a wave to people on the street, and all the other things people used to do without thinking?

Manitonquat noted that cooperation is what makes human beings what they are. Humans can't run as fast as a predator, have no claws or fangs, and by themselves are somewhat weak. They survive with... cooperation. Cooperation defines humans more than anything else. It was noted that competition tends to make people stupid, with examples such as political speeches, among other things, as supporting evidence. A nurturing, healthy community is a cooperative circle, even a "basket", metaphorically, held together by mutual trust, respect, and interdependence. Corporations and similar organizations are pyramids, or triangles, with clearly defined, even sharp, edges. They are good for some things, certain tasks, but not for others.

In India, people greet each other, or at least the elderly, by placing their palms together, and saying "*Namaste*'". One could translate this as "*I recognize and salute the divinity in you*". The maxim "What you concentrate on grows" says something about the power of this demonstration of respect.

12

Manitonquat noted that babies spend 9 months in a very comfortable place, and come out naturally full of love. They come out of the lodge of the womb, and find that people are... weird. As adults, we might say that adults have their own difficulties to work out, but babies don't know this, so they start to grow a mask, to survive. We all have masks. We could think of relationships, where 2 masks meet, and in time gradually let the real selves through, and sometimes things don't work out so well, as the mask and real self aren't necessarily in harmony. Your public mask is the self that goes on your resume'. Stressed and traumatized people develop thicker masks.

Then there's a less crystallized mask, the mask you wear with your friends. How would a resume look if you were applying to someone to be their friend, I wonder? Then there are deeper parts. There's a master craftsman part, a "Shakespeare" part, which has the seeds of greatness. Perhaps there's a "shadow" part, of repressed hopes and fears. Perhaps there's an "inner child" part. And perhaps there's a part so invisible that when you do something totally out of character, you say, "Where did that come from?" and you aren't sure.

Stress is a natural part of life. Stress energy builds up inside, swallowed up into the inner landscape, the inner life. Men sometimes build up resentment energy in their chests, for years, and perhaps it leads to heart attacks, for energy built up must always find release, if it isn't drained regularly. A circle of people can be a very powerful way to release stress energy. One can think of Alcoholics Anonymous, and similar groups. The smallest number to form a circle with is two. If one is allowed to unload built up poisons from inside, to hear that "*it's ok to make mistakes, you did the best you could with what you had at the time*", one can get rid of masking layers, and get down to one's real essence.

Manitonquat said you could have an agreement with a friend, that you get to talk for, say, ten minutes, and they listen attentively, and don't interrupt. Then, after ten minutes, you reverse, and they get to speak. Manitonquat recommended that one choose success stories, issues that "*have juice*", something that "*rings your buzzer*", something that looks like it needs attention, as those are markers for important issues. You might think about what your real nature is, what your purpose is, to see the story you tell in this exercise as a lens to define, perhaps, your place in the universe.

13

Manitonquat notes that some have been hurt more than others, and thus have more layers to go through to their core being. He felt that he could get through to the humanity of the worst serial killer, with this exercise, given the time. He noted that none of the prisoners he dealt with had come from good homes, that all had been subject to pain and severe punishment since early childhood, and had gone from foster home to foster home to adult life often without a friend they could trust, much less a healthy family.

So people in the workshop broke up into groups of 3, and each person was listened to with absolute respect, with the body language of interest-leaning forward, eye contact, and so on, for 5 minutes. Perhaps it was Manitonquat's preparation with stories, perhaps something else, but each of the people in my group felt very much cleaner for having expressed, and gotten rid of, whatever was eating at them. I was surprised at the power and force of what they emptied themselves of. In that short 15 minutes, I felt a real sense of rapport and community with people who'd been absolute strangers before- and each of us got rid of issues that had been bothering us for a time.

I'd done a Vision Quest prior, I spent 4 days in the woods, with water only, and gotten my vision - a double cheese pizza. I told the story to get a laugh. One of the listeners noted that the Pizza was a perfect symbol of community- everybody gets a piece, people feel good when there's a Pizza around, it's a circle, and of course the perfect image for a healthy community. Well, it was profound for me.

Lightning comes when a charge builds up, and builds up, with no chance for draining, and in time it forces its way out as a major discharge of the built-up energy. Criminal violence tends to work similarly. Once people are rewoven into a healthy community, their energies are channelled into useful activity. Like much of what I've learned from Native peoples, the exercise looked extremely simple on the surface... and the more I considered it, the more profound it got. I liked it so much I had people at a training I put on a week later do the same exercise... and they didn't want to come back when it was over! They loved it!

I cannot do the exercise justice in print, it was beyond what I can speak of in mere words. Manitonquat said that we'd feel even better if we had 20 minutes per person, instead of 5, or even an hour... and I believe it. I see it possible that this exercise could drain a great deal of the negative feeling that seems to be a large part of our world. Plus... it's cheap. A cheap solution that works well, with other benefits - it doesn't get much better than that. Plus, the exercise can be worked by people themselves- they don't need outside help after the first time. Self-sufficient communities are more satisfying, and a lot cheaper to run.

I've attended a number of meetings for various purposes that went very poorly because people had to "vent", and the negativity they put out poisoned any positive purpose. Those people apparently had no chance or even cultural tool to drain their resentments beforehand. This one exercise alone would solve a great many problems in my field. How many gatherings of people have you been to where someone just went off on a tangent, venting issues that were completely irrelevant to the issue at hand? Have you ever dealt with people who "brown-stamped", who built up their resentments little by little- "stamp" by "stamp" just like the old green stamp books, and then blew up ["turned in their stamps"] for no apparent reason at a very minor provocation? People see this as disrespectful, but we've really not had a tool to deal with it.

This exercise was truly a "Medicine Story" exercise for those who participated. "Medicine" is a very poor translation of Native words referring to whatever made people whole. In English, whole, healthy, and hale all come from the same root. Thus, "Medicine" is whatever makes us whole, and a "Medicine man/woman" is one who offers whatever is necessary to make people whole. Regrettably, a better word is simply not available in English. The Navajo word "hozho", which could be very weakly translated as "sparkling, harmonious, joyful, healing beauty", comes close. The purpose of life, for the Navajo people, traditionally, was the creation of hozho. This is somewhat different from our own culture's seeming purpose, as revealed in bumper stickers like "He who dies with the most toys wins." I offer thanks to one of my own teachers, Xine Parcoeur, who "drained" me of my own resentments, using precisely the method described, at a time when I desperately needed it, many years ago. This manual would not be in your hands had that not occurred. The methods described in here are appropriate to any interested person, certainly not just for prison programs.

This program as described has two characteristics:

1. It works.
2. It's cheap.

Nice combination. Not many programs can make this claim.
Well, enough talk, on to the manual.

DEDICATIONS

To Loren Acquin and Frank Torres,
Who demanded their rights as native men in prison

To the memory of the elders who began these circles
Chief Big Eagle, Paugusett Nation
Powwau Slow Turtle John Peters, Wampanoag Nation
And with me in New Hampshire
Chief Walks Tall Bill Bolding, Apache (Indeh) Nation
PeeMee Bolding, Mohawk (Haudenosaunee) Nation
All gone ahead on their final journey from Earth

And to others who have kept the circles through the years
Stockwan Ed Sarabia, Tlingit Nation
Bob Bassett, Mohawk (Haudenosaunee) Nation
Fred Levesque, Prison Counseling Director
Michaeleen Kimmey and the Beechtree Medicine Society
Chaplains Father Bruno, CT and Dan Smith, NH

To Raven Jim Farnham, Lydia Gray, and Ellika Lindén
And to the past and present men of the circles
at Osborn, Enfield, Carl Robinson, MacDougall, Brooklyn and Cheshire
prisons in CT, North Central, Shirley Medium and Maximum, Norfolk and
Old Colony Prisons in NH and the NH State prisons in Concord and
Berlin NH

And to Leonard Peltier and all other political prisoners everywhere

I want to thank the editor, who has been a faithful fan of my work for
many years, for editing this bilingual edition, y María del Rocío Sosa del
Cerro, para la traducción al español.

Foreword to the New Edition

I had a dream a week ago. For real. I dream a lot, and many of my dreams are instructive, but this was unusually so. I dreamt I was a prisoner in the prison yard with many others milling about. There was a disturbance suddenly, men running from something. I ran. In the confusion I found holes someone had cut through the three surrounding fences and escaped.

The dream jumped to many years later. I had built a successful business and was so rich I returned and bought the prison! Bidding over other private prison companies. I hired a staff and told them this prison was going to be different. The goal of this prison was not to punish but to heal.

It would be recognized that these criminals were also victims. As children they had wanted only to play and have fun, to be treated well, to be close to others, love and appreciated, and to be guided in a kindly manner in the ways of becoming a good human being.

That is what they needed. It is not their fault they did not get the acceptance and gentle guidance that all children deserve. In this prison they would for the first time be respected and treated like a human being. They would not be free to leave until the staff who worked with them agreed they were ready, but they would be treated kindly, with understanding and compassion for the mistreatment they had suffered. They had been hurt enough, more hurt would not make them better people.

These prisoners would meet in circles every day, just like the circles you read about in this book – the circles we have been leading in prisons here for over twenty five years. There they would learn that respect was not something they had to earn, but something they deserved, so they should agree to give it to each other. Here they would be expected, and here they would listen to each other and be listened to.

The men in our circles are eager to come to the one place in the prison and the one time in the week where they know they will be respected and listened to and where they can help themselves by helping each other.
And in my dream prison I told the public we were interested in making a profit by saving lives. We would offer a wide range of education, in trade, in business, in science and arts and social skills like parenting and

relationships, they could earn a GED or an associate's or bachelor's degree, they could become nurses, social workers, even lawyers. They would, as many of the former members of our circles have, find ways to pay back for the salvaging of their lives, by starting other circles, volunteering to mentor youth in trouble, or to help out elders in nursing homes and senior centers, transmuting the hard knocks of their lives into teaching and helping others.

I come to this work as a Native American tribal person, realizing that before the Europeans came to this continent we had no prisons. Brought up in the warm accepting circles of a tribe, a clan, and an extended family, the people had no crime. There was no such profession as a criminal. If someone did something wrong they would not be put in a cage. Our ancestors would not even put their animal relatives in cages. The wrongdoer would be brought to a circle, perhaps a council of chiefs and elders, perhaps of the whole community. The circle would hear all who wanted to speak, because what happened affected the whole community. A decision would be motivated not by a desire for revenge, not by a desire to punish, but by a desire to restore the balance and harmony of Creation, and the need to heal the community, including the victims and the perpetrators.

This concept is being revived now with signal success in some native communities in Canada. When an Indian is apprehended in a wrongful act, in some area the government now allows the tribal traditions to operate. There is no judge, no jury, no adversarial lawyers, and everyone in the community, including the accused, has a stake in uncovering the truth and restoring balance and harmony to the people.
Here is an article I wrote for *Yes! Magazine* reviewing the book *Peacemaking Circles.*

Review by Manitonquat in *YES Magazine*, Winter, 2007

The United States has more incarcerated people per capita than any other nation. More than two million are in prison, and millions more more families of inmates and victims are suffering. But, as prison construction and incarceration are booming, the statistics show a surge in violent crime for 2005. Clearly, the system is not working, but all lawmakers can suggest is even harsher sentences. Is it not a kind of psychosis to keep doing the same thing and expect different results?

18

Peacemaking Circles: From Crime to Community presents an innovative way to move beyond the limitations of the current legal system to a community-oriented approach to justice that involves all those affected by the terrible injuries of crime. This process, which evolved out of the First Nation tradition of using Sacred Circles to solve community problems, can heal families devastated by crime and bring the affected community closer together.

Peacemaking Circles accomplish this by shifting the focus of justice from "getting even" to "getting well," for the offender, the victim, and the community. "[Circles] ask the victims what harm has been done as well as what can repair it and contribute to healing," the authors write. "By participating in Circles, victims often feel less isolated by the pain caused by the crime and are gradually able to reintegrate with their families and communities."

The process is beneficial to the offender too. Circles provide many offenders with their first experience of respect earned without violence and of genuine concern and caring by others. Circles also help them realize their potentials and give them hope for the future.

"We treat each other in respectful and ultimately sacred ways because we see each person as part of the whole and indispensable to it," one participant explained. "We also see ourselves as connected to all other beings, and so what happens to them affects us too. Our connectedness give us the responsibility to care for each other and to help mend the webs that hold us."

I have volunteered in this field for over 20 years, establishing Circles in prisons in three states and several other countries, and can attest to their power in reclaiming and restoring people to good lives in their communities. In similar programs I have run for over 20 years in 10 prisons, I know of only four people who returned to prison. In addition, I have often been told what one participant says in this book: "The Circle saved my life. Without it I would be dead by now."

Peacemaking Circles is a useful manual for anyone wanting to initiate such work, not only for sentencing but in other areas of concern, such as drug abuse, domestic violence, and dealing with youthful offenders and troubled children.

Reading cannot capture the experience of a Circle. You must participate to truly understand. This book shows you how to do that. Most importantly, *Peacemaking Circles* urges us to become active in transforming our society and shows us how to counteract the isolation of the modern western world and restore real community that fosters our humanity, our creativity, and our ability to heal one another.

****

I want to call especial attention to Chapter 6 in this book, where I describe my deep wish for a place I the healing bosom of nature for former inmate to repair and rebuild their lives with the help of the circle – what I call the Circle Way. For this chapter I wish the book a much wider readership, hoping to inspire some people to organize and raise fund to build such a place as a model to the world of what still we may do. The men who have done and seen the worst and been able to find new lives through the circle are the best experts in Ending Violent Crime.

And if you know any wealthy people who want to buy a prison to revolutionize corrections, send the to me. I'm 81 now, and I want to see it happen in my lifetime!

To all Hispanic readers: throughout Latin America there is a powerful force of internalized oppression by which if you may be thought to descend from the Spanish conquistadores you would be on the top of a social scale that goes downward through mestizos to Indios – the lowest, that in former times anyone outside of a tribe would avoid. Nowadays that consciousness is changing. People are beginning to realize that their families have much more native blood than they would formerly admit to, and they are beginning to feel rightly proud of their Indian ancestry, seeking knowledge and connection to that heritage. We North American natives of the US and Canada want to welcome you as our family and join together as we explore the wisdom and depth of the knowledge passed down to us from our elders.

INTRODUCTION   *Crime and Punishment*

Crime and punishment. We don't need to be persuaded that there is an immense problem in this area at this time. It is a problem on every continent, in every nation. The United States, supposedly the model to the world of the good and successful society, has more people per capita in prisons and jails than any other nation on earth, well over a million people, and prison populations here and everywhere continue to grow. Prison facilities are all overcrowded, there is a boom in prison construction, the most expanding employment opportunity today is that of prison guard, and politicians are demanding longer and mandatory sentences for criminals. There is a strong movement now to try juvenile perpetrators of violent crimes as adults.

The fact that all of this is not working doesn't seem to initiate any new thinking on this subject. Twenty years of tougher incarceration policies have not been the answer. The prison population in the US doubled from 1981-1991, and has doubled again in the past five years. Currently it is costing the American taxpayers over $16 billion a year to keep offenders behind bars. Perhaps that would seem acceptable if those offenders were then rehabilitated and were no more a problem to society. But the rate of recidivism, of released prisoners being incarcerated again for another crime, is discouragingly high, often as much as 85% for first-time offenders and young people. Crime continues to be on the rise, and especially among young people. The only time prison seems to be effective is with middle-aged offenders who have spent most of their lives behind bars.

Since it costs around $25-40,000 a year to keep a person incarcerated, it doesn't seem very cost-effective to need 20 or 30 years to rehabilitate an offender. Incarceration has taken a big bite out of state budgets with little effect on crime rates. "*Imprisonment is the sort of thing where the policies and cost of the policies don't come to the table at the same time,*" said Alfred Blumstein, dean of the School of Urban and Public Affairs at Carnegie Mellon University. "*The response to the heinous crime of the month continues to be a vigorous, chest-pounding punitive response,*" he said, but "*there is a growing awareness that we cannot keep this up forever.*" The Sentencing Project, a non-profit research organization, reports that "Large-scale imprisonment provides no panacea for crime. The wealthiest society in the world has failed to provide a relatively safe society." The proportion of minorities in prison is wildly out of proportion with that of the population as a whole. Nearly half a million black men are

21

incarcerated in the United States, four times the rate of incarceration of South Africa. As Harvard Law professor Charles Ogletree says, "The United States should be embarrassed by this report as an indictment of a civilized nation. The fact that we are spending $7 billion a year to incarcerate black males and less than 10 percent of that amount educating black males is a clear indication we have our priorities backward."

US murder rates are over 7 times higher than those of Europe. No other nation comes close in the amount of violent crime and murder. The American murder rate is 10.5 per 100,000 people compared with 0.8 for Great Britain and 1.0 for Japan. Other nations regard the US as a culture that celebrates violence. There are other complications of this problem. Lawmakers are asking for minimum mandatory sentences, taking the ability to decide each case on its merits out of the hands of the judges and treating all offenders the same, regardless of circumstances. At the same time there is a reluctance to release prisoners who are not considered dangerous to make room for others who are a considerable threat to society. In addition to the fact of more inmates serving longer sentences, governments are prosecuting and punishing by incarceration crimes such as drug use, drunk driving, sexual crimes and assault, which are more effectively handled by other treatment programs, and taking up prison space needed for more dangerous criminals. Almost half the inmates in the federal prisons are there for drug-related offenses, but more than half of those receive no treatment in prison. Less than half of all prisoners are doing time for crimes against persons, but there are almost no programs that effectively address the causes that led these perpetrators to commit these crimes.

Crime is one of the subjects of most concern to the public in America today, but neither the law enforcement and corrections sector nor the social scientists have come up with programs that really work, so there seems to be no alternative but to clamor for more of the same approach that is not working. A little like saying if Your Present medicine is not effective, then you should keep taking more of it until it works. Very few people are even bothering to question why our correctional system is not correctional.

The problem is, thinking instead of just reacting might require opening ourselves to ideas that question our cherished beliefs about human nature. It's easier just to go on doing what society has been doing for hundreds of years. Break the law, get locked way. Then the public can forget about it. We hope to apprehend all the wrong-doers, put them away out of sight, and then hope that some magic occurs to justify the term "Corrections." As soon as the offender is apprehended, tried and sentenced, then we all can breathe easy. The offender is "off the streets" and we are safe from him. So forget him, we have more pressing matters. There are other felons to be apprehended, tried and sent away. Our prisons are filled? Build more. Ex-convicts are returning to crime? Three strikes and we put him away forever. Problem solved. Let the Department of Corrections handle it.

Never mind that the threat of prison is no deterrent for the increasing numbers of young people committing crimes. Never mind that when young offenders are imprisoned it's like sending them to crime universitv where they can learn their vocation better. Never mind that there are few meaningful programs or incentives for them in prison. Never mind that the word "Corrections" is a misnomer and rehabilitation a joke. Never mind that we are paying for their room and board at the yearly rate it takes to send our kids to college. Never mind that there are almost no programs to help an ex-convict find his way back into society, that the case-loads of parole officers are too large to afford effective monitoring ad assistance.

Even if the prisoner is related to us, and it seems it will not be long before everyone in America knows someone in prison, we want to forget him. We are embarrassed when his name comes up.

Okay. We could go on with this litany on crime and punishment, but I think that's enough to remind us of the enormity of the problem. Enough perhaps to make us stop and take our heads out of the sand and address ourselves to it. Crime, most particularly violence, robbery, and the selling of drugs, is materially affecting all of our lives. We are living more and more in a state of fear, anger, and confusion. Surely there must be a solution if we all just put our minds together on this.

Well, the good news is that there are solutions. The reason I am writing this is to let you know that I have been involved with one solution for twelve years, and it is working. It is working better than any other program I have heard of, and I believe I understand why it works so well. Now it is time to let all people know there is indeed hope for our suffering society. There is one sacrifice we must make to make any solution work. We have to give up very ancient notions of punishment. We have to give up vengeance and retribution. They have their satisfactions, [however transitory] and they aren't easy to let go of. But if we are seriously interested in a solution, if we really want to compensate victims, rehabilitate perpetrators and reduce violent crime, then we need to leave our emotional desire for revenge and look at the issue practically and realistically. The fact is that punishment neither deters nor rehabilitates. The notion that it does is based on thinking that these offenders are rational beings who made a conscious choice to commit criminal acts and could now just as easily make a conscious choice not to. That is simplistic and fuzzy thinking that has nothing to do with the reality.

How can we expect to take a man who has never learned anywhere in his life how he can be a full human being, who has been convicted of some inhuman act and incarcerated, then treat him like a non-human being, often with just as inhuman treatment as he has always received and learned how to return, for a given number of years, and then open the gate and return him to society saying, *"Go and from now on act like a human being."*

A few things we have learned in this program, and one is that to help a human-being change and become human, the use of shaming and ill treatment is counter-productive. Shame is not helpful. Pride, self-respect, hope - those are effective and productive in helping someone to his full humanity.

So I want to tell you about our prison program, describe to you how it works, and offer my thinking about why it works. Then I would like to suggest some possibilities for adapting this program so that it could be expanded and made suitable for all correctional institutions everywhere in the world. What I am presenting here is not theory, it is fact - a thoroughly effective program that has proved itself. Against a general recidivism rate that runs 65-85%, the rate of people in our program who revert to criminal activities runs currently between 5 and 10%, and I feel sure that if we had the organization and funds to have a post-release program in place for these men we would be able to bring that rate down to next to zero.

We are not talking here about early parole, work release, privatization of prisons, boot camp tactics, truth in sentencing or mandatory sentences, such as three strikes and you're out. One of the problems with all of these is that they are all geared for mass production [and political image projection]. Only individual human attention can reach inside individual human beings for the kind of complete life-change that is needed. Too often we hear of paroled offenders who immediately go out and perpetrate another crime. The reason is that the parole boards are not able to have a thorough individual knowledge of the real mental and emotional state of the applicant. In this program the groups are small and each person becomes completely known to the others, including the presenters.

Because of the depth and intimacy of the group, if you are being dishonest or hiding that will be apparent. But another wonderful aspect of this program is that it is so ***inexpensive***. For a very small expenditure society can relieve itself of billions of dollars of expenses in property loss and medical expenses of victims, as well as law enforcement, legal and correctional expenses. For example, I am at the moment serving between 120-150 inmates in seven state prisons, and making occasional visits to other prisons. My travel expenses amount to about $100 a week. As my program is not funded by any organization or government I work to raise those expenses myself. If there was an organization funding this work and I could just work full-time on a small salary, I could probably carry on bi-weekly programs for up to one thousand inmates. In the seven institutions I serve there are probably ten thousand prisoners, so about ten of me could make this program available to every inmate. We could work with volunteers - a prison peace-corps, or we could use existing or new correctional staff. The training would be profound and intensive, but not necessarily expensive. This isn't an overnight miracle, so results would be noticed soon for only a few of the participants, for many more after some months, for some it could take years. That is my experience so far in this program. I haven't found anyone who could not be reached, provided we had enough time.

In this book I will describe the program and various processes we have been using which have proved so successful. It must be emphasized that what we are talking about here are processes which really work, which have reclaimed the humanity of its participants, taught them skills to deal with stress, conflict and other problems of living, to meet new situations with an open mind an flexible thinking, to enhance hopefulness and love in themselves and in their relationships, and to find fulfillment in service to others and to the earth and all life. We are talking about taking this process and making it available to every inmate of every penal institution in the world, and to every released or paroled offender, and to every person at risk of being caught up in a life of drugs and crime. We can teach people to do what we do easily and inexpensively. The training required is intensive and thorough, but it is relatively brief: 30-60 hours spread over a few weeks, with periodic check-ups after that or perhaps three hours a month.

We want to take this further, to create half-way houses run by ex-convict graduates of the program who would continue this work on the outside, giving people being released support, temporary residence, and a gradual re-entry into society. These places would have ex-con-owned businesses that could employ some and employment services to find work for others. Certain qualified participants in the programs would help provide them in penal institutions, and for young people in youth organizations, schools, and on the streets.

What I will describe in this book is a program that if expanded in ways that I can easily envision could eventually put an end to crime in our time. An end to crime? Is that possible? Haven't we always had crime? Well, no, actually. Most of you reading this are educated about the history of your civilization, and I will concede that in that civilization crime has probably been around for a long time. But four hundred years ago, before civilization came to this part of the world, crime was unknown on the North American continent. There were no prisons here, and no need for them. We had no criminal class, no people living a life of theft or violation of others. The human errors which anyone might commit could be settled in the community by agreements to make reparations. [This is typical of many indigenous cultures around the world, not just Native Americans- editor.]

There are complex reasons why there was no crime on this continent until it was imported from Europe, which I will briefly describe further along in the book. And it is no doubt true that crime will not be really eliminated until the whole of this society is transformed in some very basic ways. But as I consider the possibilities the expansion of a program like this could engender, I can envision just such a transformation. And the main agents and aids to that transformation would be ex-prisoners who have themselves been transformed, who know crime from the inside and this society from its bottom, and have learned how to help themselves and other victims.

What I want to offer for your consideration in this book is the description of a program that, in its limited application for the past 14 years, has been found to work in an area which is of greatest concern to all of us and in which the other things we have been doing as a society have not been working. I won't claim with any kind of certainty that the expansion of this program will prove to be a panacea for the ills of a society riddled with drugs and violence, but I will say that possibility definitely exists, and I for one would love to see this dream adopted and explored by others to see just how far it could go.

PROLOGUE: How It Began for Me

It was a damp, gray day on Puget Sound. The kind of a day that can make everything look and feel more grim. And grim indeed was the prospect before us. An island fortress rising from the waves like an apparition from Europe's medieval past. The nearer our boat came to that baleful destination, the more my apprehensions rose. Although I tried to remind myself that I was not entering as a prisoner but a guest, the idea of being behind those terrible walls for even a moment was making my spirits sink. MacNeill Island Federal Penitentiary, since closed, reminded me at the time not so much of Alcatraz as of the Chateau D'If, in whose dungeons the Count of Monte Cristo was confined for so many years. I had the depressing fantasy that like him I might only be able to emerge from there in a body-bag, only in my case no doubt without the fortuitous rescue.

My fellow passengers were several other elders and medicine people of various native nations who had, like myself, been invited to participate in a native spiritual unity gathering in Snoqualmie Falls, Washington, the previous week. We had learned that part of the sponsorship and funds for the gathering had been provided by a prison group at MacNeil Island calling themselves the Brotherhood of American Indians, and we were on our way to thank them in person and tell them about the event. Having debarked and gone through a number of clanging steel gates, we eventually entered a long corridor, our footsteps resounding and echoing on the concrete floor and walls, and my spirits sank even lower. How could any spark of humanity survive in such a place?

Then we heard it. At the far end of the corridor a door was open on the left, and a booming sound emerged that obliterated the hollow ring of our footsteps. A drum! A great powwow drum with many beaters striking in unison. And then the voices of many men singing an honoring song.

The voices were strong and clear and full of power in their unity, a familiar, age-old sound that could be heard anytime anywhere in Indian Country. The old expression "my heart soared like an eagle" was never truer. Tears of joy fought with tears of grief inside me, and I struggled for composure as we entered a large room with about fifty singing prisoners. This was the Alcoholics Anonymous group of all natives that had organized themselves as a "Brotherhood of American Indians".

After another honoring song for us visiting elders, we were asked to address the group. We told them we wanted to honor them too for making it possible for us to come together with so many Native people of different nations to share our spiritual knowledge and ways. We told them we had prayed for them and their families in the sweat lodges and sacred circles. And when we met and talked with these men, I found they were just ordinary Indian men, the kind you could meet in any Native community in North America.

Being a federal institution, there were native men from all over America, from many different tribes. Indians are tried by federal courts for offenses committed on reservations, and it is a sad fact that the government often moves Indian prisoners far from their communities where it is impossible for their families to visit them. I heard so many of their individual stories. They were good native men, caring men, but every one of them had fallen prey to the deadly white man's poison: alcohol, and under its influence had committed offenses for which they now languished far from home.

They were so happy we had come. And I was so glad that my fate had brought me there to learn about them. They were mainly simple, sincere, straightforward, down-to-earth men of compassion and humor who wanted to do the right thing for their families and their people, but who had been unprepared for the assaults upon their culture of stolen land and resources, of unemployment and the ravages of alcoholism. They were not seeking pity, or special consideration. They knew they had messed up their lives and weren't trying to blame others for that. They only wanted to figure out how to straighten themselves out and find the good red road. That's why they were now reaching out to traditional elders and medicine people.

This experience had a profound effect on me. I had been touched at the deepest level of my being. When it came time to leave I hated to abandon them all to this terrible place. As our boat crashed through the waves on the return trip I could not bear to look back at the receding prison, vile, repulsive monument to the failure of America's Great Society. With the free wind playing with my hair and my head and the flung spray dashing my face and my thoughts awake, I thought of those men and their condition. I realized there were thousands like them, buried in vaults of shame all over the continent. Like most people I was not unaware of that fact, but did not truly understand it until I actually met these men. They were not now statistics, but real persons, as real to me as my own relatives, and I had allowed them to be swept under the rug and out of my consciousness. Not my problem. That's why the public pays for law enforcement, a judiciary and correctional system, so that I can leave the responsibility to them and don't have to think about it. [The same philosophy with garbage has given us groundwater pollution worse than anything in recorded history. What goes around comes around.]

Now I couldn't bury them any more, couldn't put them out of my mind. They were my brothers. They had made mistakes, had broken laws, but how different were they from me? Certainly I have made more than my share of mistakes in my lifetime, and I cannot claim never to have broken any laws. I couldn't forget the words of Phil Ochs' song:

> Show me a prison, show me a jail,
> Show me a prisoner with skin growing pale,
> And I'll show you a young man
> with so many reasons why
> There but for fortune go you or go I.

But for fortune any one of those prisoners might stand where I stand and I might be doomed to oblivion in those dark and odious towers. I was also well aware that in that prison and in all the world's prisons there were few or no rich men. Even the highest profile cases, like that of O.J. Simpson, can be swayed and influenced by those who can afford a "dream team." Poverty and public defenders provide greased tracks straight to the slammer. Steal a few bucks from a store you'll do time, defraud people of millions on Wall Street you can live high in Monte Carlo. But I also knew there was a lot more than economic oppression at work here. A lot of poor people manage to live honorable lives, are decent, generous, caring folk, and many have managed to climb out of the ghetto and find a measure of material success. For most of these prisoners there were more reasons than lack of education and a good attorney that they found themselves behind bars. There were, after all, not a few decently schooled and reasonably solvent people there who had wrecked their lives and those of others with ruinous addictions.

I then considered that four hundred years ago in North America there were no prisons. There were also no police, there were no courts, no judges, no lawyers, no law books or statutes. There was in fact no need for any of these elaborate, expensive, and all too ineffective systems because there were no criminals. I don't mean that there were no wrong-doers, no offenders against the community welfare and the public peace. Human beings are imperfect in every culture. But crime was not an occupation on this continent as it was elsewhere. Here were not any whose way of life was built around hurting and depriving others through burglary, highway robbery, extortion, blackmail, fraud, confidence schemes, pick-pocketing, nor injury due to alcohol or drugs. Rape and sexual crimes were almost unknown in our old communities. It was not until the European invasion that crime and its appurtenances, police, lawyers, and prisons, were imported to this continent.

I could see that at some level, although they blamed themselves, these prisoners didn't really understand what had gone wrong in their lives and why they found themselves now in those terrible circumstances. And I understood even then that it was not really any person's fault. They were victims of society, of social institutions, as were all those who had mistreated them or betrayed them, the vicious enforcers and the incompetent attorneys. But society was compounding its sins against these men. It was delivering them up to institutions that were even worse than those of the "free" society. And then it turned its back on them. These good native men had been forsaken and forgotten by the world.

My dedication to prisoners began then, in 1974. The Brotherhood of American Indians was responsible, in sponsoring that spiritual conference and in giving me an insight into the true nature of justice and corrections in America, and I am forever grateful to them all, I was so deeply moved by their humanity and their devotion to their culture in this inhuman situation that I resolved to seek opportunities to come to prison whenever I could. Thus I was set upon the major journey of my life.

For some years I visited prison groups randomly as I traveled throughout North America, whenever an opportunity presented itself. In 1976, while working with *Akwesasne Notes*, the award-winning international journal for native and natural people published by the Mohawk Nation at Rooseveltown, NY, we received a letter from a man in prison in New York State. His name was Elmer, and he was Mohawk. He had been in prison for 37 of his 54 years.

The first time, as a teenager, was for a bar-room brawl, which he had not started, but certainly finished. He had not committed a serious injury, but did minor time, having of course no funds for an attorney and accepting the public defender's easy disposition of the case with a plea bargain. Soon after his release, he went with a friend to a store for some beer. He waited in the car while his friend went into the store. He heard a gunshot, and his friend returned on the run with a six-pack and drove off. They were soon apprehended and brought to trial. The store owner had died, and Elmer and his friend were both convicted of murder, although Elmer had not even known that his friend intended to commit armed robbery or even had a weapon at all.

Now, 35 years later, Elmer might be eligible for parole, but he had no family, no work, no place to go. We communicated with the parole board and told them Elmer could have a job with us and live and work there at the mountain center of the newspaper at Owl's Head. Elmer turned out to be a complete delight. After spending two thirds of his life - all his adult life - behind prison walls, he relished his freedom in a way that was a pleasure to us all.

He rose early and greeted the woods, the birds and other creatures, and threw himself into work with joyful abandon, cutting, splitting, stacking firewood, rebuilding and repairing machines and houses, hauling supplies in the mile-and-a-half uphill through the woods to our mountain retreat. He was so gentle, so jovial, so loyal, so caring, so good a friend, so sweet a human being, like everyone's favorite playful uncle - it was hard and painful to imagine his light buried for so many long years behind the walls of Dannemora. What a waste of a valuable, hardworking, dear and lovable man!

And from the stories he told, I saw that his case was not unique. The picture I had glimpsed at MacNeill Island was corroborated again. In every prison were many good men, not essentially criminal (whatever that may be) but caring, generous, men, dedicated to their families and their people, who, in a haze of alcohol had done things or been swept along into things for which they were now paying with years of their productive life. In 1977, less than a year after he came to freedom, in the midst of splitting a pile of wood he had a heart attack and died. How grateful we were that he had at last found his freedom and was able to die in the arms of those he loved, a family who loved him. Again I made a promise to myself that I would seek out other Elmers that might be buried away in the prison system, and help them to a life.

In 1983 my colleague and friend, Slow Turtle John Peters, began a regular program in a maximum security state prison in Connecticut, and soon after asked me to join this project. At this time we have regular weekly programs in eight state prisons in New England. All of these have proved effective, and the amount of effectiveness is governed by the amount of time and support the program is afforded by the administration. I also maintain contact with a number of members of our prison circles after their release from prison, and we hold monthly circles and sweat lodges at our place in New Hampshire where they can maintain contact with a circle. Here it is my desire to present for your consideration the results of our work so far, and to share what I have learned with you and the world.

I have learned much. The people who are running the correctional systems lack the resources to rehabilitate these prisoners, to help them change their lives - so that when the prisoners come out of prison they generally go right back to the same life, get arrested and sent back to jail again. It's just a revolving door, as they say.

But I have learned that most, if not all, of these prisoners can be reached, can be helped to rebuild their lives and become beneficial members of their communities and society, and that is a process which requires not a lot of money, only a lot of dedication. It is something I have learned to do and to teach, and therefore can be expanded and exported anywhere.
(I must here also say that, although most of these prisoners admitted to their guilt, many still maintain their innocence and have not the funds with which to prove it, and I have seen far too many of these convictions that I am sure were erroneous.)

Because of all this I have seen a vision, which I want to share and to follow. A vision that the people who have been hurt and wounded by this violent and hurtful society are the very ones to engender a new transformation of that society into one of peace and caring. Out of civilization's sickness could come its cure. Ex-convicts who have lived in the belly of the beast, who have survived the most vicious abuse and humiliation, who have then healed their wounds and grown thereby in compassion and understanding, may have the clearest insight into both the problems and the solutions. It is witnessing the transformation of these prisoners that has given me that vision and that hope, and it is to all of them, and especially to that Brotherhood of American Indians that first inspired me, that I dedicate this writing.

CHAPTER 1: A New Category

[The following section begins by describing the difference between the compartmentalized Cartesian/Newtonian world view common in our culture, and the Systems Theory approach of indigenous peoples- editor]

The world-view of native people differs significantly from that of most of the dominant culture, especially that of governmental and bureaucratic thinking. One particular difference should be noted before we go any further in describing the programs we have initiated through our Prison Project. In the corrections systems everything must have a category, must fit into a category that is recognized by the administration. This is necessary to them so that there will be an office and a responsible person to oversee the project. So a program for prisoners must come under the heading of, for instance, religion, in which case it will fall under the jurisdiction of the chaplain of the institution, or education, under the jurisdiction of the prison school program, or under culture, where it will be in the province of the recreation or program director, or under therapy, which is the domain of the director of counseling, or mental health, which is directed by the medical department.

Each of these departments have different guidelines and rules which must be followed by any outside program. For instance, in two of the prisons we serve, our program is called cultural, and under those guidelines the men can carry on their own meetings without a leader from the outside. In the other institutions the program falls in the category of religion and must have a leader from the outside present in order for the circle to be convened. There are variations there too - in two of the prisons, because guards are assigned to the sweat lodge times, the men can conduct their own sweats without outside elders, and in the other two prisons where we have sweats they cannot have them without us even though guards are available. Each prison will have its own regulations about the programs in addition to the overall guidelines set down by the state corrections or federal justice departments.

The dilemma this presents for us is that we don't think in such categories, and our ways, do not fit neatly into any of them. And that is indeed one of the principle reasons for the strength of our programs. We are not dealing with only part of a person, trying to teach him a skill, or to mend his soul, or to explore cultural traditions, or to share problems and vent feelings. We are interested in reclaiming the whole person, putting

33

attention on every aspect of human existence, helping a person turn his or her life around and become a full human being again. So it is not easy for us to squeeze ourselves into the limitations of institutional categories.

We figure prisons who did not have access to an elder, medicine person or spiritual teacher or to performing any rites sacred to them, Beech Tree Medicine Society, the organization which sponsored us originally was able to convince the governor and attorney general of the state that our spiritual people should be allowed access to our constituents in the prisons. The case was initiated by the request of a native man in the then maximum security prison at Somers, CT, and so our first circle was held there. It was led by Slow Turtle, supreme medicine man of the Wampanoag Nation, with the assistance of gkesedtanamoogk, then medicine man of the Mashpee Wampanoag, and Ed Sarabia, a Tlingit and Director of Indian Affairs for the State of Connecticut. Therefore our program there is considered religious and falls under the chaplain's overseeing. This makes for a misunderstanding for many administrations and chaplains and some of the men who are not in the program. We emphasize that we are NOT a religion. We have no creeds, no dogma, no sacred scripture, no temples, no hierarchy of priests, and each person may make his own direct relationship to the Divine. We say it is not a religion but a spiritual path. This path we find through direct relationship with nature and with each other in a circle. We are neither a religion, nor are we anti-religion. We encourage spiritual growth and seeking, as a whole human being must be aware of more than himself, that there is a vast mystery beyond our consciousness to which we must have some relation.

We remind everyone in the circle that religion is a matter of each person's private conscience, and we respect everyone's religion. Thus we have in our circles some who follow only their own direct connection to Creation and the Creator, and others who are members of established religions, and others who are atheists or agnostics. We do not ask to know their personal religion, but many tell us, are proud to be Catholic or Baptist or Muslim or Jewish, or followers of some eastern mysticism or even confirmed religious Pagans. Neither they nor the elders find any conflict between their religions and the way of the circle. You may understand the reason for this when you read the next chapter about the circle. Our native people, however, are glad when our medicine people and elders are accorded the same respect as the chaplains of other traditions.

In Massachusetts the circle is considered a culture group, which is good, because then they are able to hold their circles even when I am unable to come. Of course the men are very happy when we are able to come, so I make an effort to come once or twice a month at least. We all need connection with our elders. When I was younger I spent much of my time searching out the elders and listening to them. Now that most of them are gone and I have become an elder, I feel the need to go to those who cannot come to me, to our forgotten relatives in the prisons. The drawback in some of these prisons has been that the administration has sometimes been overly concerned that all the participants are truly Native American. They wanted some official assurance, like a tribal roll number. This is not our way. Also, as an elder, I myself am not too much interested in teaching the specifics of my own culture to others, although I will do that with our own people. But when our many nations and cultures and creeds gather together, what concerns me is what we have in common. We are a common race, the human race, and as a race we are doing terrible things to each other and to the Earth, our mother, and to other life forms, our relatives. We need to explore beyond our cultures, beyond our religions, beyond our scientific and academic learning. We need to inquire into the depths of our hearts and spirits as human beings and cure ourselves of our terrible sickness, our violence, our greed, our hatred, our selfishness, our lack of respect and caring for other beings. These matters are of importance to everyone, to the prisoners as much as anyone else. To consider them is the beginning of healing.

When at the inception of the circle Slow Turtle was asked by the warden at Somers how would he know who was Indian, Slow Turtle said that the circle was open to all who came respectfully for whatever reason or interest. He said it is not our way to discriminate because of race, creed, gender, or nationality, or in any way. He said he was sure the Jews were not asked to produce evidence that they were born Jewish and would probably welcome any interested gentile, and that was no doubt true of all other groups. So we have people of many heritages in our circles. Only a few of them have been born and raised within a native community. Many more are aware that they have some Indian blood on at least one side of their families, but have little knowledge of this heritage and wish to learn. Some have no native blood at all, are proudly of Irish or Italian or Polish or mixed heritages, but relate strongly to the natural spiritual ways and the closeness to Mother Earth, and feel at home in the circle. This is in line with what we have been taught by our elders, that our ways are not "Indian" ways but human being ways.

This writing is to inform the general public about this successful way of working with prisoners. My hope is that when enough people learn about our program there will be some who want to work with it, to create organizations to expand the work, to train other groups in the work, and to extend it beyond the prisons and into communities.

I would also like to add here that there is one other excellent program available for prisoners at this time. This is the *Alternatives to Violence Program [AVP]* which is presented as a volunteer program by the Society of Friends (Quakers). The fundamental assumptions about human beings and the ways of working with and supporting prisoners, giving them information, opportunities and safety to express feelings and try out new ways to deal with conflict and emotions, all these are very similar to our approach. And as far as I am able to tell, AVP works very well. Men in our circle speak very highly of their experiences with AVP and relate them to their experience of our circles. The main difference is that AVP is a workshop which happens over a day or a weekend, and hopefully may be repeated at a later time for greater advancement, but the circle is a regular weekly program that men grow with over months and years. So of course I would like to see AVP supported as well, and have the personnel and funds to be a regular program the prisoners can depend upon, monthly, if not weekly, in every prison.

I realize that I have been using "men" interchangeably with "prisoners" as I write. We have presented programs in women's prisons in the past, but have none at this time. In one state the women's prison allowed our women to come in for a single presentation, but were not open to beginning an ongoing program. In another state we did get a circle in the women's prison for about a year. It was eventually dropped when the administration prevented one of our elder women from entering. Our experience was that the women in general were in for very short terms, and were not in the circle long enough to establish a close bond among all the women there. The circle had some strong cliques and couples who kept themselves from being too close with the others, and one real "loner" who was a life-termer. The women did appreciate it, but the circle changed so much every time it seemed few were getting a real advantage out of it, and we decided it was not worth the struggle with the administration. We do maintain contact with a few women in prison by mail.

If a circle were really well supported by the prison, I still think we could work it out to have a strong women's program. But the fact is that there are very few women proportionate to men in prison. Most of the women

36

are incarcerated because of men, following their lovers in illegal acts of drugs and robbery, being turned out for prostitution, or in many cases not having an attorney able to convince a jury that killing or wounding an abusive man was self-defense. By far the greater amount of violence in the world is perpetrated by men, and if we can solve the problem of violence among men, I don't think we will have that problem with women any longer. Because of the fact we do have in our program so many men from different cultures, including sometimes some from Africa and the Near East as well as Europe and Latin America. <u>I am convinced that this program can be made to work in any nation for people of all backgrounds</u>. Our aim is to go beyond cultural conditioning and national history, to get down into the essence of what it is to be a human being, what it means to be a man alive on this earth at this time. Our way is based on very ancient ideas and ways that were common among all peoples at one time.

We have developed this way within the prisons, keeping in mind their specific history and needs, but allowing them to learn and grow and heal and get control of their feelings, thoughts and actions. Human feelings are human feelings, and all human beings are more alike than they are different, when we get past our superficial cultural differences. I am assured by the variety of races, creeds, and ethnic backgrounds of people in our circles that our way is indeed a human-being way, and can be made applicable to any prisoner in any prison in the world. From my work in the world outside of prison, with many people in many cultures around the world, I am also convinced that this way could be the strongest resource in helping our young people today and in combating crime in society.

So perhaps we need to think about a new category for our bureaucracies to deal with this way. Maybe we should have a category called "The Whole Person" or "The Human Being".

CHAPTER 2: The Circle

In the programs as we have been working with them in New England since 1983, the basic form is the circle. In addition we have had two related programs in place, a counseling program and the sweat lodge, which I will speak of in ensuing chapters. In them I will describe how the programs function, and in a later chapter I will give my thoughts on the underlying reasons why they work so well, their basis in a theory of reality and human nature. As you read I would ask you to withhold any judgment or opinion that may come to you, or even any questions about the programs for now. If you don't understand or you disagree with something, just remind yourself that this is a program which is really working when other programs are not and there must therefore be something to be learned from it.

Please do not let the fact that this is a program designed by native elders out of North American Indian traditions put you off. Because if this program works for people of all backgrounds, as it does, then the essential elements of it should be able to be adapted in any culture for any people and be just as effective. In the beginning the elders and prisoners stand together in a circle. Often a smudging will take place, the burning of an herb such as sweet grass, cedar or sage, to clear the air and our minds, reminding us by the aroma that this is the start of a special time in a sacred way. The smoke makes a door, a way to leave the other world of prison life and enter into the world of the circle. We then hold hands and an elder will offer a thanksgiving invocation on this order:

"Look at everyone in the circle, give each greetings with your eyes and a nod of thank you to each one for coming to make this good circle tonight. And then, when we see who we are, we can put our minds together. So let us right away give our greetings together to our mother. Our common mother, the Earth, gave us these bodies - they come from her, not from some other planet, and some day when we have worn them out, we will return them to her to recycle into other life. All during the time we wear these bodies she takes very good care of us, giving us everything we need for life: all our food, our clothing and shelter and fuel to keep us warm, and medicines to heal us. So she is a very good mother, very generous, and we must remember as we begin any undertaking such as this circle, to give her our thanksgivings for all those many blessings. And then we ought to greet her other children, that big family of Mother Earth, those that put down roots into her, those that crawl under her skin,

38

those that run about on her as we do, those that swim in her waters and those that fly on her winds. Since we all have the same mother, each of these is our relative, so we are one big family together. Each one has a different gift that they bring to the web of life, and that web depends on all these gifts. Therefore we also send our thanksgivings to these relatives all over the earth."

"Then we put our minds beyond the earth, and we see that it is only one tiny world in a vast universe of space, and even though we don't really know what is out there, we are told it is very vast, larger than our minds can conceive, and it seems we must have many relatives on the many worlds beyond. Since the same laws of Creation operate throughout the universe, we may believe that whatever is there is making a contribution to the whole, and so we now send our greetings and our thanksgivings to all our unknown relatives everywhere in the universe."

"Finally, with another stretch of our minds, we may greet the Mystery that lies behind all of this. We do not know what that is, or why, or how. We may use different words for what we think that Power is, some may say God or Allah, or in my language Kiehtan, or we may just say we don't understand and have no concept and use no word. There is no need to dwell on our different ideas, we can respect each others beliefs without argument. There is one thing on which we all agree. We all see that this Creation exists and that we exist in it, and we are very glad for that. To be alive, to be aware that we are alive, to be able to experience the wonders of this Creation, to learn more of it each day, to perceive beauty, to feel love and joy in being alive, these are such great miracles that we cannot say thank you too often. So finally let us put our minds together once more and send our greetings and our thanksgivings to the Creator."

With words such as these we remind ourselves that we are all relatives here in the circle, and that we are all relatives to all that is in Creation, and that there are beauties and wonders and mysteries past all our understanding. When we sit down we feel closer than before, and that is a good feeling, a human feeling.

Then an elder will take the talking stick [editor's note: in the circle, only the person holding the "talking stick" may speak- which means there are no interruptions, and it is easier to listen and show respect] and begin to speak. In the beginning he will explain the basics of how the circle functions. Our elders have told us, and for this we find agreement all over North America, that the essential aspect, the essential teaching, the

39

one requirement of the circle, is respect. If we always remember and hold to this teaching, our circle will be a good one. There are sometimes other circles, you may have been in some, in which people are not conscious of and careful of respect, and generally these break down and come into conflict. We are told that our circles will always be good, a learning and a healing for us, if we hold strictly to our teaching of respect.

The talking stick will be passed, and each one who holds it may speak for as long as he needs and chooses. Everyone else will listen and give the speaker his attention and respect. No one will interrupt, and no one will argue with a previous speaker, or with any other individual, out of respect. It is not necessary that you agree with a speaker in order to respect him. You respect him by listening and keeping your mind open to hear his words, as well as to feel his heart and what lies between the words. It is all right to have a different opinion, but now you are learning how someone else thinks and feels, and that is an expansion of your knowledge and your world. It helps you to understand another person, to understand all of us better. And if the speaker remembers to respect the rest of the circle as well, he will not speak longer than he needs to, because he will want to hear others and give each one his chance to be heard.

The elders will also encourage people to be honest. There's no sense wasting any of that precious little time we have with each other with anything less than the truth. And if a man is not being honest with himself, that will stand out and be noticeable, even to him. In such a circle anyone who is not honest will soon feel like an outsider and will feel the need to "get real" and be a full member of the circle. That's all there really is to it. It is so simple, yet so profound, and its effect is so powerful. Elders who come to the prison bring a lifetime of experience and the teachings of their elders, which is great gift to all who will listen with respect. Most often the theme that the elders expound at the beginning stirs the men in their turn to discover their thoughts and feelings on the subject. This seems to be helpful in affording them an opportunity to think about their lives, their hopes, wishes and fears, and to re-examine their beliefs in comparison with the ideas of the elders and other prisoners.

Equally important things happen when individual prisoners speak of immediate concerns of their own. This is where the rule of respect is crucial. Most of these men have never in their lives been listened to with respect. Very few have any persons in their experience who have shown them respect in any manner at all. When they hold the talking stick and feel all that attention, respectful, supportive attention, it becomes a really powerful and liberating experience.

Part of that respect that must be firmly established and understood is that what is said in the circle is to be respected as confidential. *"What is said in the circle stays in the circle,"* the men remind each other, and these rules of respect and confidentiality need to be repeated whenever someone new comes to the circle. This provides the safety for people to reveal things which they do not feel safe enough to speak of outside the circle. Administration staff personnel and corrections officers are never allowed into these circles except by unanimous invitation of the men present. There have been a couple of instances in two prisons in which the men felt good enough about a particular staff counselor or chaplain to allow him to participate because they felt sure that these men were supportive and would respect their confidentiality.

In ordinary society few people ever feel safe enough to be completely themselves. Just about everyone holds some of himself back, some part that he feels will not be accepted fully. Most of us have constructed a mask, a persona, to hold up as a shield against the judgments of others. There are few, if any, people with whom we feel safe enough to let down that mask and reveal our real selves. We are aware that in public we hide some part of us and play a role which is not completely authentic. It is even more so in the lives of convicts, who must construct one persona for their families, one for the streets, one for the courts and officials, and another for prison society. Thus every person in the circle is regarded as equal and important and special, a good and wonderful person to whom terrible things have happened which has made him have to hide behind heavy armor and isolating walls.

In the circle each person is given respect and the safety to peek out just a little from behind the armor and the walls. Each person is given complete attention while he holds the talking stick - this is his time, to use as he chooses. No one will interrupt or contradict him, people will only try to understand and support him. Little by little, after weeks or months, because each one is received and heard with respect, they begin to feel safe enough to speak of things they cannot speak of in the general prison population, or with prison counselors, or members of their families, or even cell-mates. And when they hear others express difficult feelings they begin to take courage to open more themselves.

These circles show the most complete change in the participants of any program I have seen. It gives them skills, as do educational courses. It

41

gives them a whole new way of thinking of themselves and relating to others, as do therapeutic groups. It gives them a larger spiritual vision of existence and their place in it. It gives a real understanding of the politics of oppression and a way to work for liberation. One week a member of the circle may seem a bit withdrawn. His mask is wearing thin. His friends notice it and encourage him to speak. He says that his grandmother is dying. He is in a lot of pain because he cannot go to her, and she is the one person who has always cared for him. He cannot now hold back the tears that have been backing up behind his eyes, and they stream down his face as he talks until he can go no further.

He could not show that sorrow in the harsh halls of the prison, but hear among those who have shown him respect and acceptance enough safety has been established for him to allow the power of grief its needed release. Instead of the indifference or embarrassment or derision he imagines others will display, the men of his circle will come to him, put their arms around him, and offer their comfort and understanding. This is infectious. Everyone has felt such grief, and everyone has had to hide their feelings. As the stick progresses others who have been touched open their hearts, old wounds open and tears flow that heal them.

At the end of the circle the bonds have grown, understanding has grown, safety and trust have grown, and the circle is stronger. The first time a prisoner is in the circle it is such a different experience he often doesn't know what to make of it. He may have heard about it from a friend, or just come because he was curious and it was something different to do, or a way to get out of lockup. Now men are holding hands. That's strange right there. Men don't hold hands, he thinks, what kind of group is this? Now they are passing a stick, and each one gets to talk, but everyone else is just quiet and listens. That's different.

What those old guys are saying about Mother Earth and having relatives everywhere and having respect because everything is sacred - that's pretty weird. Now he starts to listen to the others, and sometimes they are talking about the environment or animals, that's different - and now some talk about their problems, things like death and divorce in their families and not seeing their kids. He's interested, but not ready to talk when he gets the stick - just thanks the elders for coming and passes it on. It's too different, too scary, to get into it. So for a few weeks he comes back, because he is definitely feeling something when he's there. The old-timers are giving each other hugs. It starts not to seem so weird.

Even though he hasn't spoken, people start to recognize and hug him too, and it's okay. As he listens he gets more and more feelings, he's thinking more and more, about his own life and the things that have happened to him, and the way he sees the world. He finds himself saying something when he has the stick.

Something that's been on his mind for the last few days, but not something you can talk about anywhere. But now suddenly he understands that it's safe to say such things in here, and it just tumbles out because he needs to tell someone, needs someone to hear and understand. And they do! The others are smiling and nodding encouragement. He is accepted. He is part of a circle.

From now on it will become easier and easier for him to speak of what is on his mind and what is in his heart. From time to time you will hear men report their feelings about the circle, and often they go right to the heart of the meaning and power of the circle. Again and again you will hear men say things like: *"I'm so grateful to you elders for coming in every week and giving us this circle. I look forward to it all week long, because it's the only time in this institution when I feel like a human being."*

"It's the only place I know anywhere where people really treat each other right, you know, with respect. On the streets, in the population, I always thought you have to earn respect, and I wouldn't give it to you unless you earned it, wouldn't expect it unless I earned it somehow. But you elders tell us that respect is something we have to give to everyone in the circle, that you don't have to earn it, that just because you are human, just because you're here, you deserve it. That's strong, man. Look what happens. We start treating each other like human beings."

Eventually, when they have been in the circle long enough and they know it is theirs, the feelings go deeper. *"You know, all my life I've heard about love, but I've never found it. I didn't believe in it. Never felt it, never saw it anywhere. Not in my family, so-called family, not on the streets. Plenty of sex, but love? It's a scam to sell movies and magazines, man. That's what I thought. And suddenly I'm sitting here listening to you all and I've got a lump in my throat. These elders here, some of them come a hundred miles, drive hours just to be with us once a week - my momma don't even do that - and they don't even get paid for it. And it hits me. LOVE EXISTS. I know it because I feel it myself for the first time. I love you guys. You're my brothers. I know you and I trust you. I'll take your backs any time, and I know you'll take mine. And that's real."*

43

"Yeah, you know this family - this circle is my family. You know what I'm saying? I never had a real family. Not people who will really get down with you, go all the way - you know? This is real family, man. How it should be, straight up."

In those prisons where the circle is the only part of the program that we have in place it nevertheless has a powerful effect on the thinking a feeling of the prisoners, and on their desire and their ability to control their actions and deal with stressful situations. After some years in a prison circle men find themselves so changed that it is hard for them to believe that they once were the people who committed their crimes.

They understand that the ability to commit a crime is something that, like drug addiction, any person could fall prey to in the right circumstances, and therefore they must stay aware, be careful of not finding themselves or putting themselves into an environment or society that has the potential of trapping them again. With their new understanding of the world and themselves they can keep away from bad or dangerous situations and keep in touch with others who could support them.

That is why when a man is "getting short", or nearing the end of his sentence, this may be the most fearful and stressful time for him. The men in the circle will give him a lot of encouragement and support, but he is all too aware that on the outside he will not have that circle any more to go to in need. We the elders express our desire for him to keep in contact with us, to let us know if he is having difficulty, and we provide a circle that he can come to from time to time.

That is why my vision also includes building an organization which can provide spaces for circles of ex-prisoners as well as expanding into all prisons and providing the possibility of circles for all inmates. Having been rescued by a circle, having seen that the most human society is one that lives by the ideals of respect and honesty, equality, closeness and caring, these men want never to be isolated again, never to be without the support and the love of a circle of real human beings.

CHAPTER 3: *Rebirth*

In these next two chapters I will briefly describe the two other adjuncts to the circle that we have had in place in some of the prisons. Later I will discuss them in more detail and delineate some of the reasons that led me to work in this way and why it seems to me each of these works as it does.

The sweat lodge is an almost universal purification ceremony among the various native cultures of North America [and northern Europe- think about what a sauna is], and many people today from cultures which did not seem to have such a ritual in the past are adopting it from the practice of others. It has had many purposes among these cultures, not all of which were purely spiritual, it was sometimes used solely as a physical cleansing for individuals and at other times as a social and recreational gathering for families, clans and societies. It was usual as a preparation for other ceremonies and events such as marriage, important councils and warfare. It was also a way of meditation, of mental cleansing and calling for a vision. In other words, it was found to be a healthy purification for body, mind, heart, and spirit.

Most of the teachings which we have been given concerning this ritual say that one of the central purposes is rebirth. In the process of purification we are cleansed of the various pollutions and poisons inflicted on us since our original birth, including the mental and emotional ones, and then the lodge becomes for us another womb in which we can grow in spiritual strength to the point where we are ready to emerge again into the world, reborn, as pure and innocent as a new baby. You may imagine, then, that this way of confronting and shedding past hurts, mistakes, confusion, and stress and getting a chance to begin all over again would be very beneficial for anyone seeking a better understanding and a new start in life.

In most of the prisons across North America where there is a large number of native prisoners the sweat lodge has been established. Some of the institutions were open to this from the start, and others had to be forced by the courts to accept this intense spiritual expression for their native inmates. In my own experience, the administrations of the institutions that have regular sweats have found them to be not only beneficial to the prisoners, but good for the prison, as these men then have a way to "let off steam" and deal with their pressures in a constructive fashion.

45

The actual ritual may differ considerably from culture to culture, and from leader to leader, so what I will describe here is only how we do it in our program in Connecticut. I should say that I have also attended the sweats at the federal penitentiary in Lewisburg, PA, where the men have two lodges simultaneously each week, and I found it very important and good for them there. In Connecticut, we have now a sweat lodge ritual once a month in four prisons.

To begin with, I or another elder will construct the lodge on the grounds in a somewhat secluded area designated by the prison, between the buildings and the outer fence. Occasionally a few of the prisoners have been allowed to assist in the construction consisting of saplings set in the ground in a circle and bent over and tied to each other in pairs in such a way as to make a low dome with a pit dug in the center for the stones and another for the fire outside. The institution supplies blankets and canvas for covering, and sometimes firewood, we bring in the stones and more wood as needed.

The men are called out in the morning of sweat lodge day, together with a corrections officer to stand by and guard. They build the fire, put in the stones, cover the lodge completely so that when the door is closed it is completely dark inside, and come together outside in a circle. By that time at least one of the elders has usually shown up to open the circle, but in some of the prisons the men are allowed to conduct their own ceremony even if an elder is unable to be present. This can also be very empowering and good for their learning and growth.

In the circle each one is encouraged to speak of his intentions for the sweat. The men then enter the lodge (or lodges, in two of the prisons the number of participants usually requires two lodges run simultaneously), and the red-hot stones are brought in. Except for the glowing stones in the pit the lodge is totally dark inside. The leader will conduct a ceremony that includes putting water on the stones to create steam and raise a sweat, giving thanks, and seeking mental, emotional, and spiritual understanding and cleansing as well. The ceremony is very intense and may last over two hours, and the experience cannot be translated adequately in words. In another chapter I will describe a typical ceremony as I perform it, just to give you a better idea of just one way that it may go, but no amount of description can begin to give the slightest feeling of the real experience.

It is not an easy experience, and very strong and macho men are often surprised to find they cannot last through all four rounds on their first sweat. They usually return, however, and are proud to report lasting through more and more rounds on successive sweats. Most of the men really like it to be as strong as possible and are pleased when we make it so hot they cannot or can barely stand it. It sometimes seems as though they are seeking to burn out their past, their troubling thoughts and feelings, the tensions of life imprison, and their worries about the outside world.

Those who stay through all four rounds find themselves totally exhausted and will usually retire for a very deep sleep later in the day, sometimes sleeping through the night and missing evening programs. It is enough to say here that they experience a very deep physical cleansing, coupled with mental re-evaluation, emotional discharge, and spiritual searching.

All of this, as I indicated, has a very profound effect on all the participants, and they begin to look forward to their sweat all month. If something should happen that they cannot get to the sweat or it does not happen that month, they feel that loss and the need for a sweat all the more in the following month. Of course they feel a greater need for a sweat during periods of personal stress, with problems at home or in the prison. It is a way they have learned that they can safely deal with their tensions, with anger, anxiety, and grief. As I have said, the administrations of the prisons where the sweat lodge ritual is performed on a regular basis have seen that reduction of tension among the participants and conclude that it is not only a healthy practice for the men but also has a beneficial effect for the institution.

Over the years that we have been doing this program some of the prisons have experienced incidents of violence, individual attacks, gang fights, even a more general riot, but I am happy to report that not a single member of our circles has ever been involved in any of those incidents. In those 13 years two men were implicated in incidents at two different prisons, but after listening to the men of those circles and hearing later from the men themselves, I am absolutely sure that those implications were errors on the part of the prisons acting on assumption and misinformation, and of course the prison must for security err on the side of caution.

There have been men whose psychological profile has shown them to be prone to rage and violence and unable to control their actions in situations of a high level of frustration, opposition or insult, real or imagined. Counseling by prison counselors and mental health units did not help them at all, and the only recourse the prison had for them was sedation. When they came into the circle they had spent much of their sentence in segregation and solitary confinement.

Some of their problems were helped by being in the circle and feeling secure enough to speak of them, and by having other members of the circle keep an eye on them in tense situations. But they would still get into trouble occasionally, until the sweat lodge was introduced. In this experience they had a deep release of inner turmoil together with a profound relaxation of body and mind. They came out feeling lighter, at peace with themselves, and with the ability to control their actions, understanding that dissolving inner conflict was something that would always be available to them in the next sweat. After their release, it is important to the ex-prisoners that we maintain a fairly regular schedule of sweats on the outside that they may attend.

I recall the experience of one of these troubled prisoners who was prone to anger and violence. His was one of those tragic stories of a child taken from an Indian community and placed in one after another of a round of foster homes and juvenile institutions. His whole life was lived with a barely containable rage that burst out easily and often with any inevitable frustration. He had been doing much better since being introduced to the sweat, but he wanted to make it as tough as he could on himself.

Eventually, in what seemed like some kind of macho bravado, he determined to stand and hold on to the lodge frame above the stones, where it was hottest. I don't know if that was some inner need to suffer pain or to prove his strength and courage, but however that was he managed to stand up through three whole rounds. The last round he stayed in, but lay flat on his back.

Later he took me aside to speak of his experience. He said he had had a vision and had been, in his words, "freaked out" by it. He told me he had never believed in anything, not in any church or in God or anything spiritual. He scoffed at the idea of a spirit world, of spirits or angels or anything beyond the daily experience of his five senses. But as he lay in the lodge in the fourth round, the round of the spirit in my way, he had a vision, very clear and real, in full color, of "a rainbow eagle-dancer" dancing for him.

"You know me," he said, *"I never believe in that stuff, but I saw it - I saw it!"* He was really shaken, but in a good and wonderful way. It had given him something he had never found in all his life. No words came through, but at that time a great wave of peace came over him, and he wept. He told me it was the first time in his entire life that he had felt at peace.

At Somers Prison in Connecticut, now known as Osborn, the first circle was such a success that it was an easy matter to institute the sweats soon after, and the administration was very helpful, finding us a good area apart from other activities, providing us with the tools we needed. The head counselor who was our liaison even went to the surrounding woods with me to help cut the saplings and make the first lodge. Later they also provided a shed where we could keep dry wood and put clothing in case of rain. If it snows heavily or pours rain the sweat will likely be canceled, but light and intermittent rains will not deter us from a good sweat.

Because of the good experience at Somers, it was possible to get the sweat going in three other Connecticut prisons eventually, and if we had an organization with more trained volunteers we could easily expand that further in other correctional institutions which are seeking them through the state. In Massachusetts and New Hampshire there has so far been a resistance to the sweat lodge in prisons, despite the good experience of the Connecticut prisons and of many state, and federal prisons throughout the western part of the US and in Canada.

Because of this we have begun legal proceedings to ask the court to require the Departments of Corrections in these states to allow the sweat lodge as an important religious right, as it has been determined in many other states. We hope to win, of course, because it seems that the law, morality, and common sense are all on. our side. Of course you never know with courts, but however it goes we will continue our struggle to bring this great healing benefit into the prisons everywhere.

CHAPTER 4: Counseling

Another adjunct to our prison programs has been counseling. Of course, the elders are always available for individual counseling before or after circles or sweats, but in two of the prisons in different periods I have arranged for separate times purely for counseling. At one prison I came weekly and men who had signed up stayed in a waiting room while I saw each one in a small room for private counseling sessions. This was a helpful addition to the program, but with changing schedules it was moved, and I began weekly sessions of group counseling, and finally with a change of administration the program was dropped.

The other program, in the original prison of our first program, was a class in peer counseling which I continued for five years. It was discontinued at that time for a variety of reasons, including the release of a number of the original class members, and increasing demands on my time by expanding into other prisons and the loss of two teachers who assisted me once a month. This class was a signal success, and remains in my mind a possible model for expanding into other prisons and developing a program that could be adapted in any culture and any country in the world.

One of the original class members expressed his feelings about it like this: "*The circle saved my life, the sweat took me further and helped me more, and the class took me the furthest of all and gave me what I needed to really control my life.*" Other men have made similar statements that the circle put them on the good red road, the sweats give them a safe outlet for discharge, and the class empowers them and gives them information and tools to take charge of their lives.

The official name of the class was Re-Evaluation Counseling. This is a process which I teach where I live in New Hampshire and in native communities in the New England region. I use their ideas in my own counseling, and in other seminars that I teach in schools and communities throughout North America and Europe.

It is sometimes known as co-counseling, a kind of peer counseling where persons exchange help in counseling each other[3]. . The process has a number of basic differences from that of what is usually thought of as counseling, different enough that I often wish we had a different word to

---

[3]The basic manual is available from Rational Island Publishers, POB 2081 Main Office Stn, Seattle, WA 98111, or www..rc.org .

use, so as not to carry associations with ordinary counseling. Something like "Effective Listening" - but that's weak.[4]

This class was carried on through the auspices of the prison school, which provided the space for us once a week. Both the prison and the school were very supportive, allowing me to undertake this class in something they had never heard of, solely on my assurance that it was a good thing and that the men would benefit both in acquiring very useful knowledge and in being able to examine their own lives more deeply and learn ways to make the changes they desired. In developing this new and experimental prison class, I had the encouragement and advice of two other excellent teachers who came in once a month, Stacey Leeds, co-counseling reference person for the State of Connecticut, and Emmy Rainwalker, reference person for the Monadnock region of New Hampshire, and the assistance of my wife Ellika Linden.

In such a class it is important that all students be suitable to learn the process of co-counseling. What this means basically is that the student must not be psychologically completely self-absorbed. He must be capable of giving attention and thought to others for extended periods of time. Therefore it is essential to screen new students that one does not know. A member who is in constant need of attention himself will exhaust the patience of the class and throw it off balance.

For the first class I choose people from the circle who I think are potential leaders, who seemed to have the desire to learn and grow and also plenty of attention to give others. Since I had come to know most of the circle pretty well this was not difficult. I took on one person I did not really know after he showed such a keen desire and insistent interest, and I interviewed him at some length. He turned out to be a terrific learner and really appreciated the class.

The prisoners became very proud of their class and of their own progress in it. It was something totally new and beyond anything they could have imagined, but they became really involved, would ask very pertinent questions, absorb the reading material we would bring them, and practice their skills whenever opportunities arose during the day. When I arrived some of them had managed to get to the school early, before the class was called on the prison public address system. They had arranged for the room, had cleaned it once more and arranged the chairs, and were eagerly awaiting my arrival.

---

[4] Emotional Roto-Rooter? Cathartic Cleanser? None of these does justice to how effective this process is, or how simple.

The first thing we did, common to all Re-Evaluation Counseling classes, was for each member to report on something that was new and good in their lives. This is in order to bring the attention together in a positive way. You can imagine that life in prison can be rated on a scale from ordinarily bad to really miserable. It can be depressing, hopeless, maddening, crazy, unreal, and inhuman, and that has the potential of really weighing down any class with negative energy.

You may imagine that it is not an easy task to set a prisoner, to have him report on what is new and good in his life. If there are visits or letters or good calls from home, that is good. But may of these men have no one on the outside concerned for them or have very difficult situations going on beyond their control in their families. So at first a student might say that he has absolutely nothing good to say about his life, but after I insist and refuse to go on until he has thought of something, he will be able to find one glimmer of light in all his darkness.

"I guess it's good I'm alive anyway. It's good I could get up this morning. It's good I have this class to come to," they will say. Later they will think of more things, *"Because of the circle I have some real friends, brothers I can talk to." "I watched the birds. They fly down to my window because I bring bread from chow to them." "The sky was really blue, deep blue, and the clouds were really speeding across it, so white and fluffy."*

After a number of months, students have told me that being forced to think about the good things in their lives has made a big change in their consciousness. They say that time, which used to be hard time, slow time, wearisome time, is now speeding by for them. Because they no longer take up a lot of it being stuck in their feelings and problems. They have lost the habit of complaining all the time about whatever goes wrong. If it's minor, they let it go, it's not important. They keep noticing the good things, things to be glad about, to be thankful for, so they can focus on their "new and goods". Of course they also know that when they have a real problem and truly hard feelings, they can deal with them in the circle, in the sweat, and, for the students, at even greater length in the class.

With their attention up, I would usually bring up some point of counseling theory and explain it. Then I would probably demonstrate the use of the techniques they were Teaming by counseling one of the students in front of the class. After the session each student would get to comment on what he saw taking place, to ask questions, to say what he might have done had he been the counselor. If I noticed at the beginning of the class that one of the students was having some heavy feelings, I would probably go straight to a demonstration with him. If a number of people seemed to be stuck and down at the beginning, I might spend the rest of the class giving attention to these.

We might just go around to each one, splitting the time equally, to give group attention to every one, or we might break the circle down into couples for them to practice their counseling skills on each other. Every class would be different, and would depend on the psychological state of the members at the time. Teaching always requires flexibility, but nowhere is that so demanding as in a prison.

I started with 12, but two had to drop out for Narcotics Anonymous meetings. The rest of the ten were very tight and opened up more and more each week. We always started with new-and-good [things happening in life], not so easy in prison and generally amounts to a report of a visit, or just being glad to be still alive and in the class. Then we had a life story from one man each week. These were very powerful. After the life story we had questions and comments from the class with everyone excited and thinking well. After that, if there's time, one piece of counseling theory for the them to chew over, or sometimes longer counseling sessions.

I learned that teaching a co-counseling class in prison is very different from a class on the outside. In the first place, some amount of discharge was inhibited by the fact you cannot shout, scream, or do anything very loud as we would in an outside class, or you would bring unwanted attention from the ever present guards who are alert to the least disturbance. And if something very disturbing to a student is brought up, I might not have the time within the confines of the school to fully go into it and bring a resolution of some kind which brings him safely back to a present time that he can handle. And I am not quite so easily available by phone if they are in difficulty. I learned that if something was coming up late in the class time that looked big I should reserve going into it until early in the next class.

I made some mistakes, along those lines and others, in the beginning, not really having any model of such a class in prison, and having to learn it all for myself - with the help of my other teachers, the prisoners. They were patient with me, realizing that I was on new ground. They understood that I knew some stuff that was really valuable, and they wanted to learn it too, but also that being able to teach it in these circumstances was very different, and they were going to have to teach me a lot about prison and the life of prisoners in order for me to figure out how to adapt my material and presentation to their world.

Of course it is not easy for them to have a real session out in the population, so these sessions in class were very important to them. They learned to think about each other in terms well, and they moved in on each other when they noticed a lot of distress. One time a man left the class before it started, very angry at a minor incident, and we spent a lot of time talking about what might be going on for him, and what might be the best way to counsel him.

His friends went after him, and the next class he was solidly there and quite out. He did well, considering that he has never been able to trust anyone in his life, had no support on the outside, and was facing extradition from that institution and the only friends he had ever been able to open up at all with, to face a 15 year old murder charge alone in another state.

Another time a man was not in the class, and when I asked about him I was told that he was being threatened by someone not in the class and was very upset. Naturally I said that this was exactly the time when he needed to be in class, and I asked someone to go get him, and to find the person who was threatening him as well, and bring him if he would come. This was done, the men themselves counseled these two men, the whole thing turned out to be a big misunderstanding which never would have come out if we hadn't gone after them and counseled them, and a serious fight could easily have ruined two lives. You can believe these men were very proud of themselves after that, and in awe of the power of co-counseling!

Little by little, more slowly than in an outside class, in sessions lasting only two hours a week, the prisoners got to learn basic counseling theory, watch demonstrations of counseling, practice their own counseling skills, and further explore the scary world of discharge. They learned that they can allow themselves to feel feelings which are terrifying and painful and enraging, and that they will not go crazy or get bummed out forever, but will actually relieve themselves of old burdens, gain more power, and think more clearly. They began to use their new skills with other inmates, with guards, with their families. And they began to envision taking leadership on the outside, creating circles, counseling, helping young people stay out of trouble and out of prison. In short, they began to see the possibilities of staying in the spirit (actual Reality) and changing the world.

CHAPTER 5: *Reality and Human Nature*

At this point it is necessary for me to clarify the rationale in theory that informs this work. I wanted to present an outline of the actual work first, to give you a sense of how it functions. I did not want to present any theory to begin with, because such abstractions tend to provoke our personal belief systems and lead to disputation and argument. Keeping in mind that this work does indeed function better than any other models now in use, I ask your indulgence now and pray you may keep an open mind to the worldview that, in my humble opinion, underlies the success of this program.

In referring to the circle, I have already said that *respect is the key*. Throughout the indigenous world we find a common agreement on this fundamental teaching. For one thing, we cannot control our tastes or our affections very easily. We cannot order ourselves to love someone. No one can tell us to like something we do not like. But respect is completely subject to our will. If I tell people the basis of the circle is respect, and to be in this circle you must agree to that, it is something people can do, if they are willing. Our people noticed long ago that the circle is the basic form of Creation. The seasons and the cycles of life are circular. The circle, circular forms, including ellipses, globes and spirals, are the fundamental structures of all things. The universe itself appears to be in some way circular: galaxies, where they are not fragmented, appear to be circular, as are stars and planetary systems, as are the paths of satellites and comets. In the microcosmic world the circles continue in cells, molecules, atoms, and in DNA, the fundamental building block of life.

At some point our scientific understanding becomes spiritual. That is, the accumulation of verifiable fact carries into realms beyond concept, where concept fails us, into realms of wonder and mystery, as Einstein indicated. Science itself instructs us that there is more to reality than its measures and tabulations. It is important to understand that we are not speaking of religion here. Most indigenous peoples have this understanding, no matter what their form of worship. A person's religion, or way of worshipping, is thought to be personal to them and respected fully. So every member of the circle has his own way and time of worshipping or not. They are many kinds of Christian, Catholic, Baptist, Methodist in our circles, and also Jewish, Muslim, Druidic, Wiccan, Buddhist or Hindu, or many forms of American native such as Lakota, Cree, Aninishnabe, Houdenausaunee, Wabanaki, Wampanoag, or none at all, atheist or agnostic. The word spiritual as I use it refers not to any particular religious tradition or idea of existence, but only that "more" that includes all of existence, since existence is more than all our facts, more than all our imagination, more than all our concepts, more than we can possibly conceive.

Wisdom is that part of human understanding that makes sense in all times and all places and shows us how to live day by day, practically, in a good way. My good friend Sun Bear used to say: *"If your philosophy won't grow corn, I don't want to hear about it."* Wisdom means not only understanding, but living well. If we are going to heal our society of its violence and crime, we are going to have to find ways to communicate that we can all relate to and accept so that we can put our minds together on this common problem. So it is that the spiritual wisdom of our native traditions holds that all things are part of a oneness we call the Creation, that everything is related, has its own integrity, and is a necessary part of the whole.

Therefore, this wisdom affirms, everything is sacred and must be respected as an equal and necessary part, as a relative. The word sacred may be difficult for some, others may have different concepts of it, but if we say respect, this is a concept that people in all cultures can understand and accept. The value of respect is understood all over the world.

The prisoners understand respect also. But in the code they were taught, respect has to be earned. Often in their experience it is only earned through violence or the threat of violence. Respect is given to the one who has the greater fire-power. It is a new thought to them that respect does not have to be earned, that they, and everyone else, deserve respect only by virtue of being alive. To be in the circle they must agree to this. Once in the circle they begin to understand how it works, that it is necessary for our learning, our understanding, for creating good relationships and a better life for all.

This teaching of respect is spiritual wisdom to our people, because we have found over the ages that it functions and makes our lives work, makes them better, and when we depart from this wisdom at any time we make mistakes and regret it. Therefore we are taught to respect the Earth, as our own mother, to respect all things in Creation, all forms of life, and all other human beings regardless of their age, sex, color, nationality, or belief. This is why we insist on respect as the fundamental rule of the circle. We have found that when the rule of respect is strictly adhered to the circle works in marvelous ways, but
when respect is forgotten the circle falls apart.

In the circle all are equal. There is no top or bottom, first or last, better or worse in a circle. It is true that some people may be designated as chiefs, or medicine people, or clan mothers, or elders, and by custom these may speak first, but their words are not necessarily more important or more to be heeded than anyone else's words. These elders understand their roles to bring people together and give the gift of their experience and teaching, but they always insist on their equality, and they respect and pay close attention to the thoughts and feelings of every one. They say, as Slow Turtle often tells our prisoners:

"You are special. Each one of you has an important place in the Creation. Each one of you have special and unique gifts. No one was ever like you in all the universe, and there will never be another one like you again. Therefore only you have your special gift, and you are the only one who can give it away. You will not feel right, you will not fulfill your purpose until you give it away. The rest of us need to receive your gift and hear your story."

In referring to the circle, we do not use the word religion, because of its association with the established churches. The prisons have these separate categories - religious, cultural, educational, political, therapeutic, and so on. They get confused when we tell them for us spiritual is all of these, it's all of human experience, it's science, the known and the unknown - it's just Reality. We have to remember that what they call religion, culture, education, therapy, sociology, are just concepts, constructs of pseudo-reality.

We teach the prisoners that Reality, which has seemed in their lives to be hostile and even vicious, is actually Benign. Reality is what we can experience in the natural world, in an untouched wilderness, where we see that everything is in harmony and in balance. It works. If all the human beings were to depart for another planet, this planet would heal itself and continue in balance and beauty. But when we go down into our cities and our concentrations of civilization, we see that very little is working well. We see violence and crime, greed, loneliness, domestic strife, apathy and despair. This is not according to our Original Instructions. This is a pseudo-reality, constructed by us out of our wounds, our hurts and confusions.

The Original Instructions are natural law, and when that is fully understood we can learn how to live a life that is harmonious and in balance. We notice that things tend to want to heal, to come to balance, to become better, and that human beings want in fact to learn, to become more aware, more conscious, and to make things better. So we see there is an upward trend in Creation. We teach that when a human being is born s/he is totally good. There is no evil in him. The Original Instructions have no plan for making bad things, but they can be hurt. We have created hurtful systems and these systems begin to hurt us all from the time we are very young.

We teach that a human baby is born lovable. Most everyone has enough experience of newborns to know they are all adorable little "bundles of joy". You can't look at a tiny baby and think, that one is going to be a dope fiend, that one will be a rapist, a murderer, or a bank robber. You have the highest hopes for this little creature, and wish for him happiness and the best of lives. Because they are so cute and cuddly we want to hold and fondle them, and they respond to that happily, and as they grow they want to give back the affection they receive. So love and affection is at the very core of our being. It is part of our very essence, our humanness.

Then we see that a baby is very alert and alive from the beginning, and responds energetically to its environment. It wants to play with everything, with whatever it can get hold of, and is delighted with it all -except when distressed by hunger, needing a clean diaper, or frustrated by something it can't do or have. We also see that babies learn things very quickly and are endlessly curious, so we may say that to be human is also to exercise intelligence. With that intelligence and that sense of play, we soon find that human beings are also naturally creative. All children like to build and pretend and fantasize and make new and interesting things.

So these are the things that we can say about what it is to be a human being: to be human is to be loving (and lovable), joyful and playful, curious and intelligent, and creative. Loving, joyful, intelligent and creative. That's what we are, all of us, no exceptions. That's how every one of these prisoners began, these criminals, these men with shattered lives who may have shattered others' lives. But it takes a dozen years for a baby to grow to an adult, unlike other species. During that time the child must be protected, cared for, shown affection and love, played with, given stimulation for his mind, had his creativity encouraged and supported.

This was the case with no prisoner I have ever met. Occasionally their outward circumstances may have seemed unremarkable: father, mother, family intact, no great material hardship. But beneath these superficial facts there is a darker inner history. Always.

To be hurt is inevitable to all of us. It's not possible to grow up without misadventure, without loss, anxiety, or frustration. So sorrow, fear and anger are natural parts of living. In a loving, supportive, close family a child learns to deal with these. When as a small child we have someone we can reliably go to in distress, who allows us to express ourselves, to feel our fears, express our rage and grief, who will comfort us, tell us we are all right, not bad or crazy for having our feelings, then we pass through these feelings quickly and go back to our natural energetic, playful, curious, caring human selves.

The men in the prisons have not had those resources growing up. They have long ago buried their feelings of rage and terror and grief. They have tried to survive in a hostile, harsh world without guidance or support. Most of them have not had families in reality, they have passed from foster home to foster home, from institution to institution. Sometimes foster homes can be very loving and nurturing, but not the homes that these men were typically sent to. They were usually already very distressed, belligerent, rebellious, lying, hiding, stealing, when they were taken in, and most families are not ready to deal with that level of distress. Institutions are even less able to deal with it.

When these criminals have grown up in one home, their own home, it has pretty generally been a broken home, and if not, it is most likely to have been a violent, abusive, probably alcoholic environment. Every prisoner I have listened to has suffered some level of abuse in those tender, vulnerable early years of childhood physical abuse very often, sexual abuse, or just terrifying emotional abuse by one or more adult care-giver, coupled with some level of isolation and abandonment.

When they get a little older, most of these children discover alcohol and drugs[5] as a way to dull the gnawing repressed feelings inside, to anesthetize their pain, and they learn to live by the rules of the street, or by secret codes they teach themselves in their isolation from human society. When they spend any time in an institution, an orphanage, a juvenile home, a detention center or a jail, they learn the codes of criminal society. That is reality to them, and the straight world, the world that hurt them, is to be scorned, the people in it either ignorant and unhelpful or selfish and uncaring.

---

[5] The U.S. Department of Justice estimates that 80% of all high school students regularly use drugs, alcohol, or both. What is wrong with our society, that so many need to self-medicate? -editor

What they don't know, what no one has ever shown them, is that inside each one, under the toughness and bravado, under the rage and the feelings of betrayal, under the cleverness and the terror, there lives a hopeful, playful, bright and caring little boy, the child he once was, which was not destroyed, only buried under a mountain of distress. (I use a more pungent and familiar word when I explain this to them.)

At no point in their lives before now have they been given the resource to even believe a choice was possible for them, that they were good enough or smart enough to take advantage of a choice if given to them, or valuable enough to put any effort into saving. But now some elders come, some driving a hundred miles, just to be with them, to tell them that life is not what they have been leading and reality is not what they have been led to believe it is, to tell them that they are good and valuable human beings who fell into some unknown traps, went down some terrible roads, and were just as much victims as the people which they may have victimized. It doesn't mean that they shouldn't take responsibility for past misdeeds, and shouldn't apologize and try to make amends in some way to those they have victimized. They should -for their own sake as much as for the other victims.

Now here come these elders telling them they were born good and were not responsible for the conditions which hurt them, that they can learn from their mistakes and become full and fulfilled human beings. The elders tell them their feelings are understandable and it's good to express them. They tell them they are worthy of respect and attention.

Thus every person in the circle is regarded as sacred, a good and wonderful person to whom terrible things have happened which has made him have to hide behind heavy armor and isolating wads. In the circle each person is given respect and the safety to peek out just a little from behind the armor and the walls. Each person is given complete attention while he holds the talking stick - this is his time, to use as he chooses. No one will interrupt or contradict him, people will only try to understand and support him.

As he hears the others speak, a man will begin to empathize. He will begin to realize he is not alone, not unusual, not even the bad man he has been told by everyone that he is. Because he sees these others are not bad either. He can feel the vulnerable, hurting, longing child cry out from each one. Out of respect comes understanding, and appreciation, and support. Out of a circle of men hidden behind their patterns comes a family of brothers with common grief, common despair, common desire, common fear, and, common hope. Some men get this very quickly - ones whose hurts are not so severe. Others take months, or sometimes years, if they keep leaving the circle and returning. But if they stay with it long enough it will get to them. The old-timers will take the new ones under their wings and set them straight.

When they get it their whole lives will start to be affected. They will see their family relationships differently. They will begin to look at everyone, parents, siblings, wives, children, friends, enemies, as human beings that once were innocent children but got loaded with distress with no support to deal with it, and developed the patterns that now make them so difficult to relate to. As their attitude changes they feel better, and generally the relationships begin to improve as well.

They see other inmates and especially some of the difficult guards in this way too. They become less confrontational, sometimes downright sympathetic, and report great changes in those encounters as well. When a crisis occurs, these men will now bring their feelings to the circle, and as they release the feelings and are accepted, they usually find the power to think clearly and handle the situation in a good way. In those prisons where we have the sweat lodge in place, they know they will have an outlet for all the feelings which may arise.

In my way of leading a sweat purification ceremony, I use four rounds, or sections, one for each direction, in which I focus on healing the body, the mind, the heart, and the spirit. Starting with the body, breathing the strong hot steam into the lungs has a cleansing effect on the whole body. At the same time we will pray for the healing of loved ones and friends, of the earth and all life forms, all our relatives. In the mental round, I will ask them to release their problems, to empty their thoughts and come to a still and peaceful mind, and in that state to be open for answers and visions to come to them.

In the third round, I will ask them to open their hearts and let out the feelings which have been bothering them. This can be a very noisy round, as I encourage them to weep, howl, rage and generally make a lot of racket like hurt animals to force out these feelings with some energy. The final round is more silent, as we each in our way seek to make a connection with what is real, the inner spirit of all things, our own inner spirit, that of others, and that of the spirit of all Creation.

When we had the co-counseling class as an adjunct to these, we had the opportunity to take more time with each individual, to hear his whole life story, to let him explore his feelings and his thinking in making new decisions for his life. The class also gave them tools to help others, the techniques of good listening and support, the understanding of oppression and creative and empowering ways of liberation, as well as understanding relationships and good parenting. As you can imagine, the addition of the class gave them much more resource to deal with their lives than most everyone they knew on the outside, so that they felt as though they could become a good resource for their families and friends when they got out:

CHAPTER 6: The Next Step

What I have been describing is a model that we now have in place for a positive change in our correctional systems. It is a model which has proven itself for those who have participated in it, which are still a small number of prisoners - It remains to be seen how far we can expand the program within these prisons and to other prisons. I believe the theory and methods to be sound, and that programs can be developed to make this model adaptable and accessible to any group, any prison, in any culture. More thinking needs to be given to that, but, as I said, a good model is in place to observe, and it is working well.

What we do not have yet as an adjunct to this program is a place for ex-convicts after they have been released. Since recidivism is so high, and so much of our prison population is composed of repeat offenders, continuing such a successful program on the outside is now our highest priority. In most states there are pre-release institutions with considerable freedom and some opportunities for continuing education and vocational training, as well as alcohol and drug treatment programs. There are also state programs for the rehabilitation of sex-offenders. The success rate of these programs is, to be frank, dismal on the whole.

There are also sometimes half-way houses that allow the emerging prisoner a closer interaction with society, providing a place to stay and contact with programs. For those released by the parole board on probation, there are probation officers assigned to keep track of the ex-prisoners and monitor how they are faring in building their lives again on the outside. With the growing numbers of parolees, these departments are overworked and understaffed, and only the barest minimum of contact can usually be maintained.

As men begin to get close to their date of release, "getting short" as they say, their anxiety will begin to show and they will need time in the circle and probably counseling time to deal with their fears. Some of them will be going home to families that have been difficult for them in the past, and from whom they have been long estranged. They may be facing problems at home that are harder for them than any they have had in prison. If they are very fortunate they may have a job waiting, but most will not and will face great insecurity in that area.

For long-term prisoners there are two great fears: to die in prison, and to be released to that terrifying world that once before had twisted their minds & wills in incomprehensible ways that led them to prison. A very large number of men in prison have no home, no family they can go to. Stepping through the gates of freedom with a few dollars the state has given them, they will face a world that has greatly changed since their incarceration, alone and with no support. They are terrified they will fall into new and unknown traps, or be helpless without support when old demons approach again, and they will find themselves returned to die behind those walls.

At this time, all we are able to offer is the possibility for ex-prisoners to come to the circles and sweats we try to provide once a month, and to call when they have problems, which, despite our encouragement, they rarely do. They are reluctant to place any further demands on me for my time and attention, knowing how thinly spread they are. I try to keep in contact as best I can, and a few of them are very regular in coming to circles at our place in the woods of New Hampshire, even though it is not easy for them to get to.

But I have a vision. It is clear to me at this point exactly what our next step should be, and how we could go about it with the organization and support that would be required. I don't believe it would take that much, in terms of money and people, to realize that vision. What is needed, of course, are a number of places in different parts of the states involved, where we can have our own half-way houses, staffed by the ex-prisoners themselves, where newly-released prisoners can have the ongoing support of a circle. Going from a circle in the prison to a circle on the outside would be an easy transition for them, within a way that is familiar and empowering. Here the men would find counseling, to understand their way into the new social world, to relate to their families and friends, and to find employment and housing.

There are some models for this at this time, the strongest of which perhaps being *Delancey Street*, a private non-profit organization which began in San Francisco and has opened other branches in other states. *Delancey Street* is managed and operated entirely by ex-convicts. The programs for ex-prisoners are based on the Twelve-Step programs. They own an entire city block in San Francisco, where they have reconstructed the buildings and rooms, and run a number of ex-con operated businesses from there. This is an excellent model for what I would like to see.

For my vision there are two additions I would make in such a post-prison program. I would like to see, in addition to city spaces, places away from city environments as the first place for prisoners to come who might have a difficult time of re-entry into urban life. I would want a time of quiet and retreat in a natural environment, with possibilities of Teaming and employment in such fields as agriculture, forestry, and wildlife management, for instance.

The other addition I would make, of course, is to have ongoing circles at the heart of the programs and management. I have great respect for the advances and accomplishments of the twelve-step movement, but we have many prisoners who have not benefited from them, for reasons I needn't be concerned with here. Our experience of the circles, however, is that they are completely involving, that the men become devoted to them, loyal and protective of them. It is something that belongs to the men, a way of life of which they are proud.

They go to AA and NA often because they need to have that in their jackets before the parole board will consider them for probation, or because it will get them good time. They continue those programs outside as a factor of probation. But men in the circle really look forward to the weekly circle in prison even though it gains them nothing with the parole board, and eagerly hope to find a circle on the outside. They want to introduce their families and friends to circles, and to teach circles to young people in schools and on the streets.

The men who have been in the circles for some period of time generally credit them with turning their lives around, and they are immensely grateful for that. Often, very often, I have heard men say they are so glad they got this "bid" or sentence in prison, because it gave them the chance to find out about and get into the circle. They say if they hadn't found the circle they would probably be dead. They would have continued their downward spiral and destructive life style until they killed themselves or someone killed them.

So they say the circle literally saved their lives. They look back at what they were before and cannot believe the things they did or the ways they thought and felt. Some of these men killed without thought or feeling, some of them believed that a big roll of money was all that was important, was what made them a man, some just couldn't face or comprehend any of the world they had to survive in, and so just stayed stoned as much of the time as they could and felt and thought nothing.

They know they did and thought and felt all that, but it seems so unreal, so absurd that they should have been that way now. They want to show their gratitude, to pay back for the great gift of their lives they have received, and they know instinctively without being told that the best way to do that is to give it to others. Their first thought is usually for the young people, especially the boys on the streets, in schools, in gangs, in the juvenile justice system. They know how all that is, and what it does to a young person.

They want to reach out to those young people and show them the blessing of the circle. They know the gangs are substitute families to these boys who don't have real families, supportive blood families, and they understand that everyone needs a family. They want to show how much more powerful and supportive and close a circle is than the gangs they cluster in. They want to tell them about the progress of life through drugs and crime and in and out of prison, because they have been there. To a young man [in this subculture], it's a badge of honor, a rite of manhood, to do jail time. A circle of men who have done hard time would be like heroes to these boys, and such men could tell them a lot about the "honor" of prison time. They could get to those boys' feelings, they could be the fathers, uncles, big brothers those boys need.

Another ambition these men have for their new life outside the walls is to be able to come back inside the walls as a volunteer, to provide circles for other prisoners as we have provided circles for them. They know, because we have not always been able to be there for them every week, that volunteers are hard to come by. They remember how much it meant to them that the elders took time from their lives to go in to give them circles and sweats and counseling, and they want to show their appreciation by carrying on and spreading that work.

A number of the men looking forward to getting out really want to have a way to do those things, an organization that can help all that to happen, that can give them a place to go, a place to welcome other prisoners coming out and help them get started, create a circle to support them, jobs and housing and counseling when needed. They want to start businesses that can employ ex-cons, to teach them skills, help them get to college. They want to find jobs that can help the environment, planting trees, recycling, working with animals. And they want to help young people, create work opportunities for them too, and camps where they can teach about nature and environmentalism.

The prisoners talk about creating alternatives to the state juvenile systems. Providing homes for young people at ask which would function like a circle, with love, and support and respect and safety and openness, but-with firmness and the understanding of areas of drugs and alcohol and sex and crime that their special perspective provides.

These prisoners know the score. They have been shunted around from foster home to foster home, from institution to institution, being taken into those places only because the people were being paid to keep them, not because they were esteemed for themselves. No one ever had the time or the skill to try to get close, to understand them, to help them, they just issued orders and punishment when they weren't obeyed.

Or they were left alone completely because the foster care parents hadn't a clue about what to do with them when they acted out their distress, of which life had supplied an abundance. They found in the circle what had been childhoods, and now they know how to give that to lacking in their others.

The first step in realizing this vision is simple and do-able. I have always been a "just-do-it" kind of person who gets something going on a shoestring and then figures out how to keep it going with the barest minimum of funds. That's the story for the programs now, and what we have at our place, but to go ahead now some money and some organization is needed, but not a lot, to make a beginning. We would want an old farm or some buildings in the country in Connecticut, Massachusets, or New Hampshire to start, and a small staff.

The biggest initial work would be to get the politicians, the state administration, the courts, corrections and probation departments get behind it as an experiment. Ordinarily former felons are not allowed to consort with each other on probation except in state half-way houses or AA or something like that. We would expect to be monitored by the probation department but given a bit of leeway. That shouldn't be too hard in Connecticut where the experience of our programs has been long and positive.

The real work of the place would be done by the ex-prisoners themselves. The circles are so tight that everyone in them is transparent. These men have seen all the games, and they might be able to run games on straights but not on each other. And they would be fiercely protective of their program, wanting it to work, wanting it to be a model for the world. No doubt unforeseen snags will arise, problems no one has thought of, but these men are smart and caring and I am confident they can take any new problem into the circle and work with it and solve it, with the encouragement and insight of elders to assist.

That's the beginning of the vision - the first step. I can envision its growth, I can imagine a vast system based on these principles that could eventually all but do away with prisons as we know them today, by reducing crime and helping distressed perpetrators turn their lives around and provide useful service to the community, including compensation to victims of their crimes. Perhaps I am given to grandiose dreams, but I believe in digging in with the possible and practical, getting to work, and seeing what happens. This step is possible and it is practical. It now needs only a few other visionaries like me to help make it concrete, and we're on our way. Maybe to a whole new world.

CHAPTER 7: An Elder's Notes

Medicine Story: Notes from over the years 1974-1996:

1974: From my first encounter in prison, meeting with the Brotherhood of American Indians at MacNeill Island, I knew there was something terribly wrong with a society that could forsake such men. They were not "bad" people, only ordinary men caught in an evil machine. They were victims of society, of social institutions, as were all those who had mistreated them or betrayed them, the vicious enforcers and the incompetent attorneys. But society was compounding its sins against these men. It was delivering them up to institutions that were even worse than those of the "free" society. And then it turned its back on them. These good Native men had been forsaken and forgotten by the world.

1984: Now we come into such a house of fear and offer a circle. It's free. It's open. Anyone who is interested can come and try it out. So out of curiosity men come, and it seems a little strange to them, burning a smudge and holding hands for a prayer. But they sit and wait, and then the talking stick goes around. I and whatever other elders may have come will begin speaking. We speak about the circle. We speak about healing ways. We speak about different things that will give them information. And we say, *"Let's speak about what's in our hearts - our feelings."* And each man holding the talking stick is asked only to be honest. And the others who are listening are asked only to be respectful of the person holding the talking stick and to give attention.

Then, a very strange and wonderful thing happens. A man holds the talking stick and he has never before in his life been listened to with respect. He has never been able to be honest before. Now he tries a little bit of honesty, he tells some of his feelings, and it's all right. Everybody says, *"Yes. We still love you. We understand how you feel. We feel that way sometimes."*

And little by little, as each one is heard, and week after week all get a chance to express themselves, they begin to say things that they have never said to any other human being. They begin to open up their hearts, and they begin to see that they are not bad people as they had always been told. They are people who have been hurt by a bad system and who have done the best they could in trying to a survive it. Now they see there are better ways to survive that won't prison. The, system of fear won't allow them to put them back in begin to love see that. It has to be a system of love that makes them themselves, makes them begin to find a way to survive in a world of fear by being in a circle in which everyone protects and supports each other.

1986: How can I describe the power of this work for me? There are men and women so chewed up by the brutality of their lives that they hate the law, hate straight society, hate themselves and hate everybody else. And here am 1, knowing that under that crushing load they are all wonderful, loving, intelligent, creative human beings, capable of healing, capable of devotion, capable of joy.

Most of the men have felt totally unsafe even to admit to themselves that they have feelings. *In the culture of prison, as much or even more than on the street, it is a sign of weakness to show any feeling other than anger.* The circle, with its rule of respect and confidentiality, becomes a safe place to put away masks and armor. The men find that they and their feelings are acceptable and understandable. They encourage each other to open, to discharge, and are applauded for doing so. The opening of feelings and discharge is even deeper in the RC class, which is smaller (usually between 6 and 12) and demands a greater commitment to each other. They tell their life stories, recall painful, abusive early memories, admit of mistreatment and mistreating others.

This takes a very high level of trust, and I am touched by it, because they have absolutely no experience of trust of confidentiality in their lives, not with family or friends, and not with professional counselors. Each one has his own favorite stories of betrayal of confidentiality by lawyers and psychologists and counselors - so much for the realities of "professional ethics".

They are really using counseling attitudes and theory in relating to each other, and, most notably, in moving deliberately away from hostile encounters with other inmates and guards, staying relaxed, keeping attention away from distress, understanding their families and relationships on the outside, and especially in beginning to feel good about themselves. Most of what I aim for is self-appreciation and pride it's the major contradiction for everyone in prison.

Time after time I've heard one take the stick and say, *"You know, I've never felt any love in my life before. I didn't know what it was. I didn't know it existed. I thought it was made up, something people wrote books about or made movies about for money. But now I know that it's true. I never had a family in my life - not a real family. Now for the first time I have a family, You men are my brothers, and I love you. I would do anything for you. This is something that I never felt before, but it's real."* And they say, *"I want to change my life. I don't want to come back here again."* Everybody encourages everybody else. They say, "Don't you dare come back to prison again."

1987: My prison work continues to be the most important and satisfying teaming for me. There is such brilliance and creativity and such human goodness buried under such mountains of accumulated social and personal distress in our prisons, that watching just a little of that emerge is exhilarating and inspiring. Learning theories of human nature and patterns for survival, and especially about oppression and liberation issues have been a great revelation to these men, and comes simultaneously with their being listened to and respected for the first time in their lives.

1988: Some time ago one of my favorite prisoners, a tough but honest and real young black and Puerto Rican man, told about how he had initially come to the group "just to get out of lock-up". He said he didn't know anything about the things we were talking about, but he could see one thing, that the people in this circle were real, the most real that he had ever encountered. On the streets where he grew up and in the prison it is too dangerous to be completely yourself. You have to create an image to front for you.

But here he heard people saying what they really felt, talking about their fears, getting angry, even weeping openly when they were moved. It made a profound effect on his life. His whole thinking changed. In a recent confrontation with another inmate he related, *"Everything in my life had taught me that, knowing he had a knife and was out to get me, I should strike first. But for some reason I didn't. For the first time I hesitated and thought. I wasn't sure what was right. I looked into his eyes, and I saw fear. I saw myself. I saw my own fear reflected there and knew what he was feeling. I remembered all that Slow Turtle and Medicine Story have told us, and right there, in front of all his friends, I turned my back on him and walked away.*

I knew that he could hit me right there, because that's what the streets have taught us. That's survival. I knew how everyone might think me weak, but I knew how much strength it took to do that. I went back to my cell and stayed up all night, crying and shaking." This good brother no longer does drugs of any kind, is thoughtful about his health and strength, and is eager to start a circle when he gets out, with my help, to reach out to young people, to give them the benefits he has found in our circle, and to help them to escape the life of drugs and crime that brought him to prison. He and others in the circle are often harassed by both inmates and guards who mistake their new consciousness for weakness, but through it all they have remained united, strong, and non-violent.

1989: The men in prison are very interested to get my picture of oppression. Of course, they have always known that things are very wrong in the world, but this is the first glimpse they have had as to how that works and of the fact that they are not bad or stupid people who couldn't make a good system work for them. They have even begun to understand, some of them, that guards and cops are also human and hurt by the same system or they never would have assumed oppressive roles. Now, even though most of them figure to be in for quite a long time, they are beginning to think about how to create a life on the outside and how to find and build support for themselves. These are wholly new ideas but light bulbs are going off all over the place, and a lot of discharge is happening. They are very grateful for the sweat lodge, which makes that discharge easy and accepted.

1991: 1 met a few times with the prison support group, the people who exert the pressure to get us into the prisons and help with what we need. We had a Green Corn Festival in both prisons, and the support group joined us. We had each of the men select a support group member to do a mini with, and that was a very powerful experience for them. The group members are largely terrified of coming into the prison, especially the women, who have a lot of material out of their lives around male violence, breaking through that terror to come in and then seeing these sensitive, caring men in our circle has done wonders for them.

We have begun to bring three of them into the prison with us once a month, and that has been very good for them and the inmates. I also had the support group come to my house and gave them an experience of the sweat lodge ceremony, which not only gave them a good idea of what happens for the men in the sweat, but also gave them a place for discharge, vision, and commitment, and also brought them all closer together as a group. It was an experience they agreed they would not forget, and everyone left in a glow.

1993: All the men have changed markedly through this class. Most of them have felt totally unsafe to even admit to themselves they have feelings, and all have begun, little by little, to feel the safety and the healing of opening some of their feelings in the class. It takes a very high level of trust, and I am touched by it, because they have absolutely no experience of trust or confidentiality in their lives, not with family or friends, not with professional counselors (each one has his own favorite stories of betrayal of confidentiality by lawyers and psychologists and counselors). They are really using counseling attitudes and theory in relating to each other, and, most notably, in moving deliberately away from hostile encounters with other inmates and guards, staying relaxed, keeping attention away from distress, understanding their families and relationships on the outside, and especially in beginning to feel good about themselves. Most of what I aim for is self-appreciation and pride - it's the major contradiction for everyone in prison.

1994: A few years ago my oldest son, Tokeem, (seeing that my time was taken up more and more with this free work for prisoners and knowing how pinched I always am for money) asked me, "Why don't you quit these prisons and get some work for money?" My answer was to the effect that I am always open to more speaking engagements, storytelling performances, leading workshops, but that this prison work was spiritually fulfilling for me. I think he came to understand that, because a few years later he told me he thought it was a very good thing I was doing and he was glad I was doing that work.

1995: The class we had for many years in Re-evaluation Counseling extended the circle. Here the prisoners got to learn basic counseling theory, watch demonstrations of counseling, practice their own counseling skills, and further explore the scary world of discharge. They learned that they could allow themselves to feel feelings which are terrifying and painful and enraging, and that they would not go crazy or get bummed out forever, but would actually relieve themselves of old burdens, gain more power, and think more clearly. They began to use their new skills with other inmates, with guards, with their families. And they began to envision taking leadership on the outside, creating circles, counseling, helping young people stay out of trouble and out of prison. In short, they began to see the possibilities of staying in the spirit (actual Reality) and changing the world. So that's a little glimpse of the healing power of the Native circle in prison.

(Reprinted from *Heritage*)

CHAPTER 8: Letters

Here are some of the words of the prisoners themselves:

I have been involved with the Native American services and the Open Circle at Somers Prison [CT] and now with the Four Paths at Enfield Facility. I am currently serving time at Willard Correctional Institution. The Circles are so strong in me now that I must fight to get to the Circles as we do not have them here in this facility. My roots are strong into Earth Mother and my heart is solid like an oak tree for the people. I came to the circle first in prison, and I've been on the red path now for the last 9 years. By no means have these years been easy but they have been well worth the effort that it has taken me to get this far.

From the circles I have learned that I am all right even thought I've made a big mistake in life and for that I am paying now. I've also learned that once I can love and help myself I can love and want to help others through life. I have learned that if we are to survive on Earth Mother that we as a people must put all the racial hate aside and live as a people for one another as we are all brothers and sisters and have great gifts to give each other. The Creator didn't create bad people to hurt one another and yet we hurt the people we love as we've been hurt by others.

One of my elders told me one day *"we only come through this life once so don't bother to waste my time with a lie or not speaking from the heart."* I learned respect from a piece of wood called a talking stick. This stick I was scared of for a long time as I'm not one to or was able to speak in front of people and tell them the truth about the way I really feel about something or myself, only with the strength of the circles and my brothers and sisters love in the circle I came over my fears and now I have no problem telling someone the truth as long as it is in the heart. I also learned: say what you mean but don't say it mean.

While being in the circles I also got involved in an RC class and there I really learned what it was like to be human and feel good about it too. Without having someone like my elders (Medicine Story, Slow Turtle, Ed Sarabia) most likely I would be dead or wishing that I was dead from hating the person I was and not knowing how to change the person. I do know that it is up to the person him or herself that wants the change that makes it happen, but sometimes we all have to have someone around letting us know that they do care and willing to take the time to help someone. My goal in life is trying to be like my elders, the greatest honor

74

and respect I can give any of my elders is to pass along the things that they have taught me over the years. I would love to start a circle when I get out of prison, and I've been looking forward to the day to do just that. I feel that we should take more heed to Earth Mother, as she gives life to all that live upon her, no favorites, no racial war, everyone the same.

I used to think that every day was a good day to die, as my heart is right with the Creator, but lately I'm finding that it's easy to die, but every day should be a good day to live! Living is a hard and scary thing to do every day. The Red Path is a hard path to walk, but it is honorable and respectable and one that is worth walking for all the days to come.

Walk in Beauty, Oakheart (D.C.Underwood), Enfield, CT
....

Looking back over the last couple of years I can see a definite change in my life. I am not the angry, bitter person that I once was. I attribute this change in my life to my new ability of opening up to others. Our circle allows me to do this because of the absolute openness and confidentiality that is within it. There is no other place in which people hated and mistrusted by society can get together and break the ice, really open up and talk, and more importantly to listen to what is spoken by others. There is so much good within the circle if only given the chance by others from the outside. The longer I am within the circle the more of the old me is melting away. I realize that I have a long way to go, but as Grandfather Medicine Story reiterates again and again, *"Your walk starts with baby steps."* I have made great bounds in changing the inner me. On second thought, changing is such a harsh word. I believe now "re-discovering" is the more appropriate word.

There seemed to be a lot of pain, anger and mistrust in my life. Now I can see that most of it was self-imposed. I had a lot of resentment Of family, friends, loved ones, and how my life ended up. I have come to the realization that the problem was not the the "other guy's" fault. I have found that if I do not reach out for help, no one would know that I needed help. It has taken me thirty years to find this out, and I did it the easy way. I was arrested and sent to prison. This was only the first step in my re-building. I felt my life was in a fast spiral downward to nowhere. Prison was not a bad thing for me, in fact, believe it or not, it has been one of the best things that has happened in my life. Coming to prison has given me the chance I needed to stop and look at me. Coming to prison has given me a long time to think, allowing me the opportunity to really learn about myself and to really see how my actions have affected the true people that really cared for me.

Soon as I started to come to grips with my problems a whole new world opened up to me. The Creator saw fit that my path crossed with Stock Waan (Ed Sarabia) and Grandfathers Manitonquat (Medicine Story) and Cjegkitoonuppa (Slow Turtle). I have found the true love that they share with me and others. They do not take you by the hand and tell you that this is what you must do. Rather through stories and personal experiences that have allowed me to open up my eyes to what needs to be addressed in my life. They did not force anything down my throat. They only offered the "food", and it was up to me how far I would go, how much I would open up my mouth and how much that I was willing to ingest. True love in the purest of forms. As I grew, I reached out to others that I thought were gone from my life. My father and step-mother are now a very important part of my life. My sister that I thought I had lost so many years ago is now a special part of my life. Finally my wife that I alienated to such a degree that I still do not know why she still loves me is still in love with me. I reached out and they grabbed my hand. See, life is a full cycle. Once I was back in the circle with Creation my life changed for the better. It is never too late to reach out for help.

So I now know that I am not alone, and I am not the misfit that once dominate my thoughts. It has been a hard struggle. I still deal with my problems and my own misconceptions daily. It is helpful - struggling is a way of self-preservation for me. I love all those who are and were willing to share themselves with me. I love my Grandfathers and Elders for taking their precious time to spend with me. I love my parents and sister for leaving a line of communication open for me despite my actions. I love my wife for being a dear friend and lover. Above all I love everyone who has touched my path for allowing me the opportunity to truly realize that I love myself.

- Tall Badger

....
Interviews in Somers CT state prison
Mark Hunter:

RC has taught me how to deal with a few problems, taught me how to see my mother's death - I don't hold myself responsible for my mother's death as I used to. I don't hold my father responsible for it now either. I did for a long time. Actually I don't hold any of my family responsible now. And I'm not responsible for any of them. I've managed over the years to build myself a whole new life, and I could never do that for a long time. And I'm more at peace with myself. I think that during my youth when I lived with my mother's sister, I took a lot of anger out because it seemed that nobody really wanted us, and my aunt and uncle just got stuck with the three younger of us. I was only six, but I hated that - when I had to call them mom and dad I nearly choked on the words. I carried a big chip on my shoulder. For a long time I was always the class clown. I never took school seriously. I didn't value anything, let alone my life. I did my share of speed and coke, reefer and hash, I really tried to kill myself that way, tried to burn myself out acid, how much I could take. I wound up in the hospital a few times. See I've landed myself in the nut-house a few times. All my life everything has been a mind-game.

Before I came to prison I was always in and out of foster care and group homes and boys' institutions, so I really don't that much street time - from the time I can remember I was in and out of shelters and boys' prisons and so on. And then I started getting involved in female relationships. I never held a good relationship, I mean totally up-front, honest. I just tried to get what I could get probably a lot of those relationships would have been good for me, but I just screwed them up. Some of them had good families, money, and they accepted me, but I just didn't know how to deal with relationships. I probably messed up a lot of good friendships.

Since I've been on this bid I've met a lot of good people that deal with a lot of my garbage, and I shell out a lot. I've always said that this bid saved my life. Because I wouldn't have lived to see thirty two years. I was a heavy drinker, liked my speed and my coke. I was a border-line nut case. But this prison saved my life, because it dried me out. I cheated myself out of fifteen years. I've got two daughters out there, one I've never even seen, and one that will probably graduate by the time I get out. I don't want to go in there and disrupt the kids' lives. I just want them to know that I'm there for them. I don't want my kids to walk around thinking that someone else is their dad. I have no problem with letting them know I was in prison. I'm not saying I'm perfect, and I know where I screwed up bad. I never wanted people to understand me or get close to me. And I never really cared about what people thought. When I was out there I could hang with you and everything else, and you jerk me once I would have no problem with burning you. And now because I'm here and with RC and the Open Circle, the sweat lodge, I can actually hold a conversation and really care. I wrote a letter to my father, an intelligent letter, from a human being and not an aggravated person.

When I get on the streets I don't want to put a gun in my hand and stick nobody up, because I was lucky this time and only got a twenty.-five year bid, but with my next shot I'm out of the box - I'm not going to get a second chance. I'll be almost forty when I walk out. Family is the important thing right now. I may have, what, thirty years, forty years left when I get out - I need to think about what's right for me when I walk out the door. If it wasn't for RC and the Indian services I think I'd be worse than when I came in. I know what I'm capable of doing and that scares me. It never bothered me before, because I never cared. The sweat lodge has taught me patience. I can last a little bit longer in lock-down that I used to.

I'd be happy to get out of here, live on some land, with a McDonald's job or something. People think that's funny, but material things are not important to me any more. My life has been one screw-up after another, and it took this bid to make me realize something's got to change. I've seen too many people die in here, of AIDS, and lack of medical treatment - I don't want to be a statistic. I worry about things like, where am I going to stay when I get out, can I be legit - I've never been legit -I'm not going to walk into nothing when I walk out the doors - it scares me. I don't know, but I'm a survivor. I always feel now there's a purpose to my life other than being in prison. There's something for me to do. Before I wasn't even thinking about going straight. It's time for me to grow up. I have common sense and I want to use it.

RC has taught me a lot. I respect you as a human being, as my grandfather, and I thank you and Stacey very much for taking me into this class, and I think if it wasn't for you and the circle bringing out a lot of my feelings I would be one miserable up here. And I think about you and Slow Turtle and Stacey giving up your time to come here - you don't have to do that - it's not like you're getting paid, you just do it for us. I think about things like that.

Vinnie Nardone:

I listened to my brother Mark talk tonight and he blew me away! When I think about what he was - how he's grown! I know what he's talking about. It used to be the liquor, the women, the cash - hey, that was what's happening. But now I have brothers and family and - mentors - that's the word - everybody needs a mentor to show them the road-map of life. And I appreciate you and Slow Turtle and Stacey and Emmy and everybody else that sacrificed valuable time to come here. It's like all your life people blaming you, the someone comes along and says it's not your fault, but now you gotta change it, and gives you a hand to pull you out. And it's like - what's in it for him? That kicks around in your head. And I think - just doing right is enough for that person, to live a good life is enough for that person., Then you think maybe you can grab someone's hand and pull them out too. That's what's important.

I don't ever want to forget this time. I made the statement before: as long as I know where I'm at I'll always know where I'm going. You look to the next plateau, and when you get there, the next - and just maybe you can be a decent human being. The wise guys in New York and Boston fifteen years ago, if they heard me talking like this, they wouldn't believe it was me - that ain't the Vinnie I know - they'd say I'd gone soft - but you know something? I really don't care because I know what's right and I know what's wrong. RC has worked miracles. The circle works, it works a lot, but it doesn't have the basis that RC has. A circle works in a tribe of functioning, loving, caring people - you don't have that here. You have a tribe of people, half of them aren't functioning. In this small RC group we have people that care.

Medicine Story: The way I see it, Vinnie, everybody is a good human being, and everybody is buried under a load of distress, and the difference between the circle and the class is that - what it takes to be able to find the person under all that distress is enough safety to be able to sneak out from underneath it every now and then and be real. There's more safety here in this small group than we can get in that large circle that keeps changing, new people you don't know coming all the time.

Vinnie: Well, I've got to tell you one thing. There isn't a person in this room right now that doesn't know the sacrifice you and your people make in coming in here every week. Out of love - I know it's got to be love, because I don't know if I could keep riding down, two hundred miles down and back for years for a few hours every week, sometimes twice a week - that's a passion that's unbelievable. That someone could be so good to me - I thank you.

Medicine Story: It's just about whatever makes people happy. It happens that what makes me happy is not a big bankroll, but just being here with you guys and seeing you doing something, finding yourselves, making your lives. And when you get out, like Mark says, it's not going to be easy. What it is - you don't let go of the string so you don't get lost out there. What you've got to hold on to is what we've got here - each other. It's not just me - there's a whole maybe half a million RC people out there that understand what I understand and what Stacey understands.

Vinnie: And I've got to come back - if that's what it takes to pay back what I've been given, I've got to come back in and give as you do. I hate the idea of coming back to this place and seeing all this, but I like the idea of being an example to my brothers, showing them that they can make it - you don't have to put that gun in your hand, you don't have to put that needle in your arm.

CHAPTER 9: An End to Crime

Leaders of the Future Changing the World

I have a vision.

As the Reverend Doctor Martin Luther King had a dream of the true equality of all in America, I have a vision of a society without violence. The time is coming.   People everywhere are confused, sometimes despairing, sometimes apathetic, but they resonate to a message of hope. At the threshold of the twenty-first century there is more hope than ever in the whole history of humankind.

As we enter the new century, more and more people are aware of the problems we face. More people than ever are conscious of the mistakes of the past and long for a new and better world. More and more people are dedicated to peace all over the world. More and more women are awakening to their power and throwing off the shackles of patriarchy. We have almost (not entirely) eliminated slavery, and certainly turned the attitudes of society completely against it.

We have solved technical problems of disease and feeding and housing multitudes of people. We have seen the ravages of our exploitation of our environment and are learning to repair it and live in a steady-state harmony with nature. New methods of electronic communications are making it possible to become more aware of the problems and to connect better to solve them.

Human psyche has also undergone a tremendous change in the last half of the twentieth century. A spiritual hunger has brought people to search through old traditions and to discover new paths of growth and consciousness. More people than ever in human history are more aware of their history, their environment, their humanness, and that of other people in other cultures.   More books are published on subjects of spiritual and psychological health and growth, teachers of these subjects are in demand and more appear every year to share their insights, add more and more people are gathering at conferences and festivals, sharing traditions and insights and discoveries.

We have also begun, in a small way still, to solve the problem of violence. We are only now beginning to understand the nature of the problem. Peace does not come when we sign a peace treaty. The causes of war have not been addressed, and it will break out again, as it has again and again through thousands of treaties for six thousand years. The causes of war are rooted in oppression and the ravages oppression makes on the human psyche. Now we understand that peace cannot come until we can find peace in our own hearts and can bring that peace into the hearts of all human beings. The question, of course, is how to do this.

One key is that we have learned, through all this searching and learning and experimenting, how to bring peace to the hearts of individuals in despite of oppression. All religions have been doing this for centuries. But they have not at the same time addressed the oppressions, to eliminate them from our social ways and institutions (and to our dismay our religions often have allied themselves with wealth and power, injustice and inequality), and the force of oppression returns in ever new guises through the centuries to bury us in turmoil and conflict.

If we are to find peace in our hearts we must at least have the hope of freedom. We must understand oppression and be involved in a meaningful but hopefully exciting and joyful engagement in its elimination. A few years ago I was invited to present seminars at a conference on the issues of peace and non-violence. The conference resonated with irony, as it was held at a luxurious new-age resort with all the amenities of the rich, only a few hundred miles from where ethnic cleansing was laying waste ancient peoples in a horrific blood bath.

In the final two days of the conference, the various teachers were to come together to ruminate on peace and non-violence together before the audience of participants. As the elder of that group I allowed the other teachers to speak first. We sat on a raised dais, behind a long table, with name-plates and microphones before each of us. An educator spoke of education for peace, a psychologist spoke of peace through therapy, a social worker spoke of better social programs, a Buddhist roshi said we could meditate our way to peace, and a famous teacher of women's spirituality said if we could just leave it to the women they would fix it all.

When I spoke I said that I found myself in agreement with all the other speakers. But I was left with a sense that the problem of violence in society was much vaster and more complex than we generally credit it to be. Violence is so woven into the fabric of civilization that we don't recognize it unless it is overt and physical. But of course physical violence is only the external manifestation of something that has been

82

brewing internally for some period of time. There are deep inner conflicts in this civilization, and these have been breaking out in wars and grumbling along in crime for six thousand years. We do not notice that conflict and violence is built in to all our institutions and affect every aspect of our lives from birth to the grave. Conflict arises in people whenever they feel controlled without their consent, when they have no input into the decisions which affect them, and this is the inevitable result of hierarchy, the model of all institutions of civilization. Government, business, education, medicine, we can hardly make a move in life that isn't under the control of some bureaucracy.

Take this very well-intentioned new-age peace conference, I told them. We don't even notice that we have it light here as we talk. Here are the "experts", raised above you, honored with name-plates, and given the power tool of individual microphones. We talk, you listen and take notes. That is hierarchical and oppressive. You also have something to say. Non-violence is an issue for each one of us, and everyone has a pertinent experience and valuable thinking to offer the whole of our community on the subject.

Violence is inherent in inequality, and all hierarchy is unequal- in a pyramid, with most people on the bottom holding up the few powerful and rich at the top. The antithesis of the pyramid in social forms is the circle, I told them, and for a million years human beings functioned very well with that form. It is the form my elders kept intact and passed on, but they told us it was not exclusive to us, but part of the Original Instructions for all human beings in order to maintain balance and harmony.

Much to their credit, the good people who organized the conference made a new form the next day. They asked me to bring the talking stick I had been using in my seminars, which were all circles, of course, and they had all the participants form a spiral (too many for one circle), with the talking stick beginning in the center and moving through all to the end. Each person who took the stick began with saying something like:

"Now this is more like it. I've been listening for days to teachers and never had a chance to talk. But I have also something to say, and now it feels right that you all can hear me too." And they would usually go on to say something like: *"This talking stick and this circle feels right. When I go home from this conference, this is what I will take. I will get my groups into circles and introduce them to the talking stick, and we will start to liberate ourselves and feel our power."*

In all the circles I offer to people in many nations and cultures I find the same reaction. People take to it instantly, as though it were familiar, an old dream. As it should be because all our ancestors understood this way when they lived in harmony with the earth and the other creatures and with each other. Many cultures have a myth of a Golden Age of the past where all was beauty and harmony. There is much truth to be found in all myth. I have myself lived at different times among communities who are not so far removed from those times, and I have experienced that beauty and peace and harmony. I know it exists and is the birthright of all our children.

I find great hope in this. Hope is the nurturer of vision, and this brings me back to my vision of a new path to peace, to an end of violence. Since violence has not been present in all societies, and has been greater in some than in others, we may regard relatively peaceful communities as healthy and violent ones as diseased. We need to study the models of health and find cures to this disease.

In curing a disease we study those that are healthy and those who have had the disease and thrown it off, we seek to build up anti-bodies to attack the disease, and to prevent it we may vaccinate with transformed disease particles. It seems to me very fitting that the best information, the best study and the best medicine for cure should be found among former criminals who have experienced the whole spectrum of oppression and hurt, perpetrated great violence on themselves and others, and have been cured, have turned their consciousness and psyche and the actions that spring from these back to a condition of health, from violence to peace of mind, from pain and fear and hatred and despair to love and hope and enjoyment of living.

A friend of mine asked me years ago if I thought that my goal of changing the world and training leaders to effect that change was best served by all the time I was volunteering in the prisons. I thought a lot about that question. Finally I decided that my instincts were right. That was exactly the right place to develop leaders for the future. Crime, criminal and domestic violence are endemic to this society. To our shame, they typify and in some ways symbolize civilization.

We may take pride in our lofty philosophy and art, our technological wonders, our advancing knowledge of health and medicine, but we are afraid to walk the streets of our cities at night, we wrestle with our fears when our children are not at home, and the evils of drugs and crime are visiting every family.

To fight the disease of crime I suggest we turn to the experts, the people who have known crime from the inside, who have been criminals and having emerged from that life begun to understand the factors that trapped them. They know the disease intimately, have felt its causes and effects in their own experience, and they have found a cure. It is a cure which can be taught, a cure which they can teach.

In changing the world, the issue of paramount importance to me is peace. There was a time when I was so discouraged with human society and its oppressions that I was ready to give up on it. I saw that human beings were destroying the earth and the rest of the natural world which had no ability to defend itself. If all the human beings were suddenly transported to another planet, the earth would recover and do nicely. The rest of Creation was in harmony here, it was only the human beings that were creating the problem. And the more of them there are the worse it gets. Over-population is no doubt the greatest single danger to life here. So, my thoughtless reactions went, let there be war, let them kill each other off. Maybe enough peaceful people will survive, the indigenous people who want to live in harmony and equality, to protect and care for an life.

But other seekers of peace have made me think about that position and find a new vision. if one sees that peace is not a matter of treaties and agreements among nations, or of deployment of United Nations troops, then one has to see we cannot have peace until there is peace in the hearts of all. And there will not be peace in the hearts of all until we heal not only our individual hurts and wounds, but relieve ourselves of the crushing weight of oppression. All over the world many people have begun, in small ways, to do just this.

We need to learn to reach out to each other, to heal each other, and to join with each other to create more just, more human, more loving institutions of equality and flexibility. I have seen peace grow in the places of darkest rage and violence, in the hearts of those buried in ignorance and despair, hearts that no love had ever touched, no joy had ever lifted, and no beauty ever known. I have seen men whom society called monsters and who thought of themselves as monsters, deformed, a cruel mistake of nature, emerge through their pain to find the lost child within that all society had betrayed, and with the love and delight of that child want to end all pain and suffering for all children everywhere.

John F. Kennedy had a vision of peace. He brought it to the youth of America and invited them to service in a Peace Corps. Millions, in whom the hope of peace and justice had not died, responded. I don't profess to know much about that movement. I suspect that like all governmental agencies it labored under burdens of bureaucracy and hierarchy, but despite that it flourished because of the will of people to do good, and it has done much good.

So I also have a vision. I have a vision of a new kind of peace corps, not governmental or political or bureaucratic, but arising from among the oppressed in all cultures and nations. The peacemakers would be the ex-criminals, the ones whose lives have been redeemed through the way of the circle, through equality and respect. I am seeking leaders of leaders. Not to set up hierarchies, but to teach people themselves to be leaders, to take responsibility, to work with each other and solve their problems by putting their minds together.

Each time I bring people together in a circle I encourage them to start other circles, to teach the way of the circle. It is easy to teach, because people take to it instantly, understand it deeply. They only have not much experience of the essential ingredients of respect and listening and opening their hearts and minds, but they learn quickly.

I think if there are only two or three in every circle of ten or twenty I teach who then go and bring another group together in a circle and from that circle two or three go out to make other circles, and so on, in a few years we could change the consciousness of the whole world!

A big vision. But big visions start in small ways. Can we end crime and violence in the world? Not if we say it's impossible. Not if we already limit ourselves by believing that violence is normal and we must expect it and meet it with greater violence. If human beings can end the violence and crime they have perpetrated in their own lives and become peaceful, respectful, caring and creative human beings, and they can and have, then they can bring the ways that helped them to others.

Instead of hatred and fear and greed and competition and conflict, which grow like a cancer, we can bring to the lives of others respect and love and sharing and cooperation and harmony, which also grows, like a medicine. This is a medicine that once we find we cling to, because all of us would rather have * and love and fun in our lives than pain and fear and stress. JOY Yes, I believe I have discovered the best potential leaders for a non-violent society in the most unexpected place.

For your consideration I present my vision: a Peace Corps of ex-criminals against crime and violence. Maybe it won't work. Probably it won't work in any way we expect it to. Maybe it would only do a very little bit of good - but that's more than is happening now. And the only way you can be absolutely sure that it will not work is never to try it at all.

EPILOGUE

Terrorism and political violence are issues of great concern at the end of this century. These do not fall within the scope of this dissertation, however this mass insanity, similar to the insanities of serial killings and sex crimes, will eventually be amenable to the overall healing of society of which these programs could be a major factor.

When I first visited a prison in 1974, I was deeply moved, deeply disturbed. A sense of justice and injustice has always been very strong with me, and here was a glimpse of what I could feel was a vast hidden iceberg of injustice perpetrated upon my people, upon good native men and their families and communities. Since childhood it has always been clear to me that this earth belongs equally to all who inhabit it, that all people are entitled to an equal share in her bounty and are equally responsible for her care and for the care of our fellow creatures.

Part of growing up is learning sorrowfully or angrily how many poor there are, how many are without adequate food and shelter and medicine, and that a small handful of the rich and powerful own and control most of the resources of the earth. This imbalance creates distress levels in the poor and powerless that lead to violence, rebellion, crime, and drugs - in which category I would also place aberrant sexual behavior.

I considered that four hundred years ago in North America there were no prisons, there were no police, there were no courts, no judges, no lawyers, no law books or statutes, no criminals (a Chinese philosopher said "Where there are no laws there will be no criminals"!), only human beings who sometimes made mistakes and were enjoined by the community to rectify and make restitution for their wrongs.

People living in a circle don't need laws. Because in a circle all are equal, all are human and therefore are sharing and caring and are guided in heart and mind by their common humanity. The way in which we lived, in the circle, we had no people going around robbing each other, we had no people who were kidnapping or embezzling or extorting or mistreating themselves and others because of drugs and alcohol. People who live in a circle, a true community, support each other, take care of each other, and if anybody gets into trouble, everyone helps.

In a true community if somebody does something wrong you don't put him in a cage, you try to find out how he can repay the damage he has done, to do something for the people that he has hurt, and you try to help him so that he doesn't commit such a misdeed again. But now they can't build enough prisons. There are over a million people in prison in the US alone (more people per capita than any other nation) and there are thousands of people the courts want to send to prison but can't because there's no more room and the prisons are overcrowded. There is a boom in prison construction, and the employment opportunities that are growing not shrinking are in corrections. Sometimes I think we will soon have a nation where everyone is either behind bars or guarding them.

Society cannot be changed and its injustices rectified all at once. It takes time, patience, thought, will, motivation, some plan. And vision. Here in our prison program is a piece that is already happening. One small part of society is being changed for the better. And it's an important part, because it is central to our ills - society's fundamental inequality, injustice, and violence. Very few people are even thinking about this problem. It's easy to leave it to the government, to the law enforcement people, the courts, the corrections systems. But that is not working.

Our problem isn't being solved, it's getting worse. In the US over a million men, who began life as innocent, fun-loving, curious, hopeful children, were caught in a destructive downward spiral that ended in their destroying their own lives and those of others, and languish behind walls with no knowledge of how to recover their lives, or even that it could be a possibility.

It is my hope for this writing that it will reach people who do care, who will think about these men and the progress they have made and the possibilities for enlarging that and making their success available to every prisoner, ex-prisoner, and potential criminal on the streets.

At present this program is being offered in eight prisons. None of these programs are as complete as I would like to have them, still we are having a strong effect even with a minimum of time, money and personnel. Three of our elders are now too ill to travel to the prisons any longer, one has passed on, and two are working in other communities in Canada and Alaska. Besides myself we have one elder in New Hampshire with one very devoted assistant, and one elder in Connecticut with two strong assistants. All of them are volunteering their time and paying their own travel expenses.

We have no funding of any kind from governmental or private groups. As I am the only one going into all these prisons (actually seven of them) my own expenses are considerable. These are paid by the non-profit corporation which I co-direct, Another Place, Inc., which also owns the land I live on and where we hold our gatherings for ex-prisoners and for the general public. The only trouble there is that Another Place itself has no funding from any other organization, and relies on small donations from individual well-wishers and participants in its programs, which are a small part of its income. The main source of income for Another Place is my own work, lecturing, giving seminars, and telling stories for schools, colleges, private groups, festivals and other events throughout North America and Europe. It requires a great deal of my time in travel just to support the minimum level we now have in the prisons.

It is very clear what we need as a next step to expand this work. We need people and money. We need a few dedicated people who are capable of building an organization, and we need enough money to hire them and others to effect that building. Two very important parts that could then be addressed are publicity, to let the public know about the programs and get the support of government and private organizations, and fund-raising, to continue to enlarge the organization and spread it to other parts of the country and internationally.

I have been speaking to groups and visiting prisons in Scandinavia and Germany, and they are very interested in this work. All over North America there are native elders and medicine people who use their own time and money to go to prisons and offer circles and sweat lodges. This is not known to the general public, and that good work should also be supported.

It is not easy to get volunteers for such programs as these, because most people have to work for a living at a regular job that doesn't give them time off to visit prisons. There are some elders who are retired, some students who can find time, and people like myself who essentially work for themselves and arrange their own schedules, but the traveling also costs money, and it's sad but true that people who have the heart and dedication to volunteer their time and energy for such things are hardly ever people who have money.

It is my hope that with greater publicity and public awareness there are many people out there in those categories who are looking for something meaningful to do with their time who would be very excited to learn that they could do something as powerful and useful as this. At the start I can easily train a few people to carry on this work and to begin to train others. Then it will be able to go on its own power without my constant attention. Just to continue the program, not even to expand it, this will be necessary soon, because I am as old as the other elders who have become ill, and, although I thank Creator daily for my good health, I know that I will not be able to be there forever. Then there is my other vision: the place and the program for prisoners after they are released. As I am obviously not getting younger, I am eager to get started with that, because I know it will take most of my time and attention at the beginning. Here again we need money - to buy a place and to pay a small full-time staff.

The next steps are very important. They may be small, but they mean the difference between a going and growing, self-perpetuating organization and a handful of elders trying in a spontaneous way to do what their health, money, and time permit. I can see these next small steps clearly, and I can assist in them, help the organization to get off on the right foot and head in the right direction. But after that I need to let go of it. I must get on to my next task.

But the vision - yes, I can imagine an organization growing as big as the International Red Cross, working together with Amnesty international and other groups working for justice and human rights. What could it be called? I don't know. That's for others to decide when the time comes. But I do like the name the men picked themselves for the first program we established in Connecticut's Somers Prison: The Open Circle. The prisoners named it that with some pride because it was open to anyone who came to it with respect, because they wanted to remind themselves that an important part of the circle was being open and honest with yourself and everyone, and because they realized that their circle was not alone, not exclusive, but a part of all circles in the universe, and all things in the universe were a part of their circle - it opened outward to all Creation.

And so it is I think of the work of the circle. It is the same everywhere and open to all. Indeed we shall not be able to live in peace on this beautiful earth until we have reached out to every human soul and brought them peace. For me it is clear that the way to heal society of its violence, its struggle for dominion, its fear and hostility, its greed and addictions, its loneliness and isolation and lack of love, is to replace the pyramid of domination with the circle of equality and respect.

The great gift of my elders is the circle, which contains everything, the universe and the knowledge of how to live in it in peace and happiness. Through the circle I have found and been able to give to others healing and hope. Given enough time to penetrate the layers of distress the circle can touch and change anyone. Because all human beings ultimately want the same things. Once we have a taste of it we all want to live in peace. We want our basic needs met. We want respect. We all want freedom. We want life to be free of stress, to be interesting and fun. And we want appreciation, affection, closeness to other human beings - we want to love and be loved.

These are all things that we can give to each other or withhold from each other. When we give them we get them; when we withhold them we lose them. But in order to choose peace, respect, freedom, fun, love, we have to have some experience of them. If a person has never experienced them he can't even believe in them.

The circle is the best way I know to make that possible.[6]

---

[6]The real test of any rehab program is how you would feel having graduates live next door. I have met graduates of Manitonquat's programs. Just like Daytop graduates, they are actually more aware than the average person. I would not mind having his graduates living next door, even with my young child in the house. I would actually welcome them, because they are more real than the anesthetized automatons I'm used to having as neighbors. Manitonquat has only seen prisons as a visitor. One of his relatives spent some time in one, though, due to alcohol. I think it touched him. Manitonquat doesn't come out and say it directly, but what you see described here is the only functional way to address addictions. - editor

The following material is added by the editor.

MAXIMS

Respect is the center of the circle of community. From it grows rapport, communication, and cooperation. Cooperation is how humans survive.

There is a core of good at the center of every human, no matter what the outside might look like. It can be reached with patient, caring persistence.

We ask the heart what to do, and the head how to do it.
[From the story of First Man and the first boat-]

Good results come from good decisions.
Good decisions come from experience.
Experience comes from poor decisions where the lesson was learned.

Solutions that are fun are probably the right solutions.

The more the law and regulation
The poorer grows the population
The sharper the weapons in the hand
the more trouble in the land
the more ingenious are the men
the more strange things that seem to happen
as the laws increase like leaves
so also grow the crooks and thieves.
                    [Lao Tsu, The Rhyming *Tao Te Ching*, #57]

93

RESOURCES

Www.circleway.org

If you wish to support this program you may contact:
METANOKIT PRISON PROGRAM: ANOTHER PLACE, INC.
167 Merriam Hill Rd
Greenville, NH 03048 USA   Tel: (603) 878-2310
Donations may be made to Another Place, Inc. a non-profit corporation under Section 501(c)(3) of the Internal Revenue Code

Books available from Manitonquat (Medicine Story) include:

RETURN TO CREATION A Survival Manual for Native and Natural People
The Circle Way
The Original Instructions
Wampanoag Morning: Stories from the Land of the People of the First Light Before the English Invasion.

THE CHILDREN OF THE MORNING LIGHT Wampanoag Tales
HERITAGE A Journal of Native Liberation (Issue 3)
Edited by & with articles by Manitonquat
and CD's of Native American Stories and Poetry

Other books which could supplement this book:
Houses of Healing Robin Casarjian[7]
The Intender's Handbook, Tony Burroughs
The Emotion Code, Bradley Nelson
Peacemaking Circles: From Crime to Community

Manitonquat offers an extensive array of seminars and storytelling presentations, drawn from Native American culture, from community health to healthy sexuality to several other subjects. Programs are tailored to client interest.

For those readers interested in storytelling, America has experienced an incredible revival of traditional storytelling. Local groups can sometimes be found through your library, arts council, or nearest college. The following list is only national organizations, NSA alone has more than a hundred local affiliates, each with their own yearly conference.

---

[7]Lionheart Found., POB 194 Back Bay, Boston, MA 02117

NATIONAL

National Storytelling Association POB 309 Jonesboro, TN 37659-0309 www.nsa.org

[SPECIALIZED] NGH, P.O. Box 308, Merrimack, NH   03054-0308 www.ngh.org   (603) 429-9438   annual conference: August

It is somewhat difficult to put the particular heart-centered approach of a good storyteller in print. The following are books which I liked:

My Voice will go with you: The Teaching Tales of Milton H. Erickson. Rosen, Sidney. New York: W.W. Norton & Co., 1982.

Journey to the Ancestral Self Song, Tamarack. Station Hill Press, 1994.

Zen in the Martial Arts. Hyams, Joe. Los Angeles: J.P. Tarcher,Inc., 1979.

My favorite book on Systems Theory, favorite because I laugh so much when I read it, is

Systemantics   John Gall.

Healthy indigenous communities always had some form of folk dance, involving a circle. Folk dance is a traditional method of working off kinaesthetic energy. You might try "Encyclopedia of Associations", in your library, or google, for folk dance groups, or perhaps use an Internet search engine. One outfit that has picked up a number of indigenous folk dance forms is the following:

Dances of Universal Peace, North America
PO Box 1401 Blythe, CA 92226-1401
www.dancesofuniversalpeace.org

SPANISH:

ACABAR CON LA DELINCUENCIA:
Una Visión de una Sociedad sin Violencia

Programa de Creación de Comunidades
que ha resultado satisfactorio
en las condiciones más adversas.

Presentación de un programa idóneo para las prisiones.

Por Manitonquat (Medicine Story),
de la tribu Wampanoag [Nativo Americano].
La traductora es María del Rocío Sosa del Cerro.

© 1999, 2011 la edición en castellano
María del Rocío Sosa del Cerro, traductora

en cooperación con
Story Stone Publishing
167 Merriam Hill Rd
Greenville, NH 03048 EE UU/USA
www.circleway.org

Parte del material contenido en este libro ya ha aparecido en *Heritage* y *The Talking Stick*.

El libro forma parte de una serie de guías elaboradas "en cooperación" para favorecer la creación de comunidades. El concepto de "cooperación" se refiere al trabajo conjunto de varias organizaciones para elaborar productos de interés que no podría conseguir una organización de forma aislada. El libro no refleja necesariamente opiniones o posturas de ninguna agencia u organismo. El único fin de compartir estas ideas es apoyar activamente la creación de comunidades. Algunas ideas se han tomado de otras culturas, especialmente lo referente al paradigma de la Teoría de Sistemas, y tienen sentido consideradas dentro de este contexto. Las ideas de profundo sentimiento de Manitonquat difícilmente pueden expresarse en letra impresa, por ello en las dos primeras secciones aparecen conceptos que bien se sobreentienden o bien resultan obvios en la comunicación directa con él.

Steven Covey, autor de *"Siete hábitos de las personas muy eficientes"* (Seven Habits of Highly Effective People), decía que los problemas no pueden resolverse dentro del mismo nivel en el que se crearon, que hay que encontrar un nuevo nivel de entendimiento. Al considerarlo así, el presente manual, en mi opinión, afronta con éxito un problema insoluble para muchos. Constituye un placer para mí haber participado en él.

La violencia y la bondad siguen dando sus frutos, que pasan de generación en generación. Las personas lo experimentan primero y luego se lo hacen a otros. Manitonquat habla de los delincuentes como víctimas. Esto no lo dice en el sentido de falta de responsabilidad. Esto se refiere a que están dentro de una cadena de violencia, que viene de generaciones pasadas, ellos tienen la opción de perpetuar la cadena, o terminarla. Las personas son responsables de sus actos, pero las decisiones siempre se toman dentro de un contexto. Manitonquat dice que ahora es el momento de romper la cadena de violencia, y no es el momento de hacerla peor de lo que es. La cadena se rompe mediante la bondad. Esto se parece mucho a las ideas expresadas por el Dalai Lama, Tenzing Gyatso. Puedo imaginar una sociedad sin violencia, basada en cuanto se dice en este manual. Gracias, Abuelo Manitonquat, por compartir con nosotros tu manual y tus ideas.

Pensimientos

Ojo por ojo, diente por diente, dejaría a todo el mundo ciego.
                                                    -Mahatma Ghandi

Cuando plantas una lechuga, si no sale bien, ¿Castigas o culpas tú a la lechuga? No. En cambio, haces preguntas, y tratas de entender por que no esta creciendo bien. Tal vez necesite más sol o menos sol, minerales, un abono diferente, o más agua. ¿Por qué habrías de culpar a lechuga? Aun así, cuando tenemos un problema con nuestros amigos, o con la familia, o con la gente en general, ¿acaso no culpamos casi siempre a la otra persona? En cambio, si nos centráramos en ayudarlos, crecerian bien como la lechuga. Culpar, castigar, intentar persuadir usando la razon y los argumentos, nada de esto funciona. Pero la comprensión sí, funciona. Yo di una clase acerca de como no culpar a la lechuga. Al final, escuché a una niña decirle a su madre, "Mamá, por favor, acuérdate de regarme. Soy tu lechuga." Me puse muy contento porque esa niña me había entendido perfectamente.   -Thich Nhat Hanh

Estamos verdaderamente vivos, únicamente cuando estamos conectados.   - Kahlil Gibran

En los paises desarrollados, hay pobreza de convivencia, pobreza de espíritu. Hay soledad, y falta de amor. No hay enfermedad en el mundo mas grande que esa. Hoy en día, todo el mundo parece tener prisa. Nadie tiene tiempo para estar con los demás: ni los hijos con los padres, ni los padres con los hijos, ni los esposos el uno con el otro. La paz mundial empieza por resquebrajarse en los hogares. El mayor sufrimiento es sentirse sólo, no querido, y no amado. El mayor sufrimiento también es no tener a nadie, y olvidar lo que significa relacionarse de verdad, con otros seres humanos, y no saber qué es ser amado, y no tener ni familia ni amigos. Somos nosotros los que con nuestro rechazo empujamos a nuestros hermanos y hermanas a refugiarse en alcohol, y hacerse adictos. Toman alcohol para olvidar lo que les falta en sus vidas. Puede que lo que la gente necesite no sea ropa o comida. Puede que necesiten amor, porque yo no se lo doy. La paz empieza con una sonrisa.   -Madre Teresa

99

NOTA DEL EDITOR

Supe de la existencia de Manitonquat gracias a uno de sus libros. Su literatura le identifica como un Anciano nativo americano, líder espiritual y Guardián de las Tradiciones del Grupo Assonet (Keeper of the Lore for the Assonet band) de la nación Wampanoag; un narrador de fama internacional que utiliza la historia, las tradiciones y las leyendas de sus antepasados y de otros pueblos nativos para enseñar métodos prácticos para enriquecer las experiencias de la infancia, reforzar el sentido de la familia, y desarrollar la confianza entre las personas para mantener vivo el espíritu de comunidad.

Habló en la Conferencia de Narradores de Connecticut [subsidiaria de la Asociación Nacional de Narradores de los Estados Unidos], a la que yo asistí, en donde expuso una técnica muy similar a la que utiliza en las prisiones [que luego se explica]. Fui con mi hija, que quedó tan fascinada con sus historias como yo. Le escuché de nuevo en el colegio de mi hija, en donde mantuvo a más de cien jóvenes fascinados y pegados a los asientos durante su presentación de una hora. Narra historias en colegios y otros lugares.

Es modesto en extremo, y, como muchos nativo americanos a los que he tratado, es muy paciente y agradable. A diferencia de nuestras escuelas, en donde la información se imparte en dosis muy calculadas y su asimilación se mide mediante exámenes estándar, la educación en la tradición nativo americana se basa estrictamente en el interés. Si un alumno no muestra interés, no se le dice nada. Cuando el alumno muestra un interés sincero, se le facilita la información, pero de forma limitada, lo bastante como para estimularle. Así el alumno se interesa más y más, busca información por su cuenta y se torna mucho más receptivo. Ese es el único modo de encontrar información valiosa. El único examen es la experiencia, los resultados y la ayuda a los demás.

El legendario psicólogo Milton Erickson lograba cambios permanentes en la conducta de sus pacientes únicamente mediante la narración, lo que no es nada nuevo para los nativo americanos. Normalmente, para conseguir algo de los ancianos nativos, uno tiene que rogar pacientemente y hacer preguntas inteligentes, bien enfocadas hacia un fin positivo. Vale la pena. En la cultura tradicional el equivalente a nuestros médicos precisaba 30 años de aprendizaje antes de permitírsele ejercer por su cuenta, tres veces lo que precisan nuestros médicos, y solo se mantenía el cargo si lograban buenos resultados. El concepto Gestión de Calidad Total [TQM en Inglés], del continuo perfeccionamiento, no es nada nuevo para los nativos. Para empezar, yo no sabía que Manitonquat hiciera nada parecido al programa aquí expuesto, no se vanagloria ni se acta, responde a las preguntas llana y educadamente, y se limita a satisfacer el interés.

El camino hacia el aprendizaje de los nativos, según mi experiencia, es el opuesto al nuestro. Por ejemplo, en la cultura nativa, al estudiar las plantas medicinales, hay que verlas en su contexto, vivas, allá donde crecen, aprender las condiciones que precisan, para qué sirven, verlas desde la semilla al hollejo, y entenderlas, conocer sus usos medicinales y generales, antes de conocer su nombre. En nuestras clases de botánica empezamos con el nombre y una pobre ilustración en un libro, o con una vaina reseca, y tal vez ni siquiera prestamos atención al resto de lo que deberíamos saber.

Así, no puedo imaginarme a un curandero nativo en un gran laboratorio de anatomía; el énfasis está en la salud, en el estado ideal, y en mantener o devolver a las personas a ese estado, en vez de en problemas, enfermedades y cosas muertas. No sé como expresarlo bien con palabras, pero es como si los nativos se interesaran antes, y sobre todo, en la energía y el espíritu de lo que estudian, y solo de pasada en su aspecto material, mientras que parece que en nuestra cultura se da precisamente una orientación opuesta. Yo lo veo en este programa. En vez de mirar a lo puramente material, es como si los narradores, como Manitonquat, supieran que existe un estado ideal, y que se puede despertar a las personas en peor estado y motivarlas para volver a ese estado ideal, al que, al fin y al cabo, ya entraron por la puerta de la existencia.

Es bonito hacerse viejo en la cultura nativa tradicional, es cuando uno empieza a sentir alegría, aprendiendo lo que no supo cuando era joven, es cuando hay respeto, cuando realmente se empieza a tomar conciencia de las cosas y a crecer espiritualmente. La literatura clásica, que recoge los primeros contactos con la cultura nativa, señala que no era raro que los ancianos vivieran más de cien años, tras una vida muy agradable y provechosa. En nuestra cultura, veo a gente agotada que muere de un ataque al corazón a los cuarenta y a los cincuenta años. Gary Witherspoon, antropólogo, preguntó a un indio navajo (dineh) de 55 años por qué no hablaba en un consejo. El hombre contesto: "Bueno, todavía soy muy joven, hay que tener más de 70 años para saber cosas útiles".

Como persona, Manitonquat tiene una sonrisa como el sol de la mañana. Realmente todo lo hace "con el corazón". Oí a alguien, al referirse a la idea del "dar" de Manitonquat, que uno de los objetivos en la vida es tener la máxima concienciación posible de las cosas y transmitirla libremente a quienes interese. Manitonquat narra cuentos en colegios porque los niños le ayudan a él mismo a centrarse. Yo he disfrutado plenamente con sus historias, especialmente con su narración de la historia de Degonawida (en disco), quien unió pacíficamente a las seis naciones de la confederación Iroquois (Nación Haudenosaunee).

Las narraciones tienen gran fuerza, nosotros somos nuestras historias. Durante la Guerra Civil Americana las tropas marchaban animosas bajo el fuego de los cañones porque revivían las hazañas de los héroes de la Guerra de la Independencia. Las personas se enfrentan a tareas imposibles, empujadas por leyendas fascinantes. La narración es entretenida, una forma holística de aprender. Me parece posible que sus esfuerzos como narrador, así como los de otros narradores, que aún no saben que son maestros en el arte de la narración, pueden mantener unida y en paz nuestra nación.

Este programa ha sido contrastado bajo las condiciones más adversas posibles, en las cárceles. Quizá por ello algunos puedan rechazarlo, aun así, si es un buen programa ¿no cree que debe funcionar en las condiciones más adversas?. Hace unos años asistí a la presentación de otro programa para cárceles. El orador principal dijo algo muy interesante: que era más fácil que se beneficiaran del programa los internos, porque ellos podían ver los muros... en tanto que para la gente de fuera es más difícil ver sus propios muros.

He oído que llaman a eso una "readaptación". Damos un sentido a las cosas. La "readaptación" toma un acontecimiento y le da un sentido nuevo. Una vez me dijo un instructor militar que *"si no te mata, te hace más fuerte"* y que *"el mejor acero requiere un fuego más caliente y un soplado más fuerte"*. Esta fue para mí una forma totalmente nueva de ver el estrés. Otra cosa que se observa en este programa es su apoyo en la Teoría de Sistemas. La cultura occidental está aun estancada en un mundo cartesiano, newtoniano, en el que el todo es la suma de las partes, un mundo de enfoques materialistas enfrentados.

El método de la Teoría de Sistemas se basa en que el todo es más que la suma de las partes (o sea, usted es mucho más que la mera suma de sus huesos, órganos, piel, etc.), y en que se pueden lograr grandes cambios cuando se entiende el sistema, que comienza aplicando las formas de interés mutuo "ganamos-ganan". Un símbolo muy común de este sistema es el círculo, piense en máximas como: *lo que se va, vuelve"*. Los procedimientos "ganamos-ganan" resultan amenos. Una vez superadas las desconfianzas de la otra parte, se llega mucho antes a una solución clara que beneficia a todos. ¿Pues, quién habría de oponerse a una solución en la que todos se benefician? ¿Por qué demonios nuestra cultura no pensó antes en soluciones ganamos-ganan?

Vemos que aplican la Teoría de Sistemas a la dirección de empresas W. Edwards Deming, Margaret Wheatley, Peter Senge y otros. Otros escritores, como Steven Covey en *"Los siete hábitos de las personas muy eficientes"* (The Seven Habits of Highly Effective People), la aplican en el desarrollo de la personalidad. La obra de John Kretzmann *"Construir comunidades de dentro afuera"* (Building Communities from the Inside Out), sobre desarrollo económico, la plasma muy claramente. Las ideas de la Teoría de Sistemas están cambiando el modo de comportarse de nuestra cultura. Este manual ofrece nuevas ideas para la creación de comunidades, no solo desde una perspectiva nativo americana, sino desde una perspectiva de seres humanos, como dice el autor. Le insinúo que quizá todos estamos en nuestra propia prisión metafórica, de ignorancia, de pseudo criterios y de falta de concienciación.

Veamos dos cuentos muy conocidos como ejemplo de historias ilustrativas. Uno, *El Hermano Conejo y el Marinerito,* es en realidad un cuento educativo africano sobre la fuerza del resentimiento. Hay que tener mucho resentimiento y rabia para dejarse atrapar por la rueda de las consabidas consecuencias de las acciones negativas ¿No le parece? El cuento de *Los Tres Cerditos* es distraído, y al mismo tiempo señala las consecuencias de basar nuestro sistema de creencias bien en las ideas que mecen los vientos de la moda, como la hierba, bien en las que brotan de verdades profundas, como la sólida estaca, o bien en las ideas contrastadas en el fuego de la experiencia. El abuelo Manitonquat es un maestro de las historias educativas. Una de ellas se cita más adelante.

La teoría de sistemas pretende lograr múltiples fines con un solo elemento. En las culturas indígenas, la narrativa no solo busca entretener, sino que también transmite valores culturales y desarrolla la capacidad de percepción de los oyentes. La teoría de sistemas no desperdicia nada, siempre encuentra un lugar útil para todo y para todos. Un estado nazi sería inconcebible en una cultura basada en el Paradigma de Sistemas. El psicólogo Milton Erickson tenía grandes dotes en su trabajo, precisamente su minusvalía poliomielítica le hizo ser muy observador. Su trabajo merece admiración. Aun así, en un estado fascista se le habría considerado inútil, indigno de ser mantenido. En nuestra cultura, ¿no consideramos excedente inútil a grupos de personas a los que hemos puesto una "etiqueta" y hemos apartado de lo que llamamos humanidad?. Nos hemos deshecho de una parte útil de la humanidad, y somos peores por haberlo hecho.

Este manual describe los comienzos de lo que podría ser un modelo de comunidad similar a las Autosuficientes Ciudades de la Paz Cherokees (Tsalagis). Eran una combinación de ciudad-escuela y albergue de los sin hogar, dirigidas por personal espiritual. También eran lugar de refugio, quienes habían cometido algún delito, si lograban refugiarse en una ciudad, no eran molestados en tanto estuvieran en ella. Tras un año, eran libres de marchar y cualquiera que fuera la causa que los impulsó a delinquir quedaba proscrita. Los custodios espirituales se encargaban de ello.

Las Ciudades de la Paz perduraron hasta más allá de 1830. La tradición era tan fuerte que aceptaban refugiados coloniales y esclavos huidos, factor primordial en la decisión de Andrew Jackson de deportar a los Cherokees a Oklahoma en la "Marcha del Llanto" (Trail of Tears), en la que el 75 % de los participantes pereció en el camino. Tad James señala que los hawaianos tenían el mismo concepto de ciudad refugio, en Pu'uhonua Honaunau. Algunos monasterios de Europa funcionaron de forma similar; la revolución industrial del S. X, en Europa surgió en los monasterios. También eran muy parecidas algunas comunidades taoístas chinas, especialmente durante las dinastías Ming y Sung. Las Ciudades de la Paz eran totalmente autosuficientes, no costaban nada al contribuyente.

Los métodos de la Teoría de Sistemas son muy rentables. Por ejemplo, "el ganado indio", los ciervos, solo requería que las zonas próximas a bosques se quemaran en otoño, y así creciera abundante su alimento favorito. Los colonos europeos preferían el método mucho más laborioso e intensivo de tener ganado doméstico. ¿Se lo imagina?, yo no ¿cómo puede combatirse un sistema que casi no requiere esfuerzo?

El autor hace hincapié en que este programa no se basa en ninguna religión. Sin embargo, lo encuentro totalmente acorde con San Mateo 25:35-36, y podría dar referencias musulmanas y budistas a petición, a quienes crean que las necesitan. En una cultura basada en la Teoría de sistemas, como insinúa el autor, no tiene sentido separar la "religión" de la "filosofía" y la "ciencia". Son distintas caras de una misma cosa, no hay conflicto. Elvis Presley cantaba una canción que trataba sobre el Diácono Jones, el cual iba a la iglesia los domingos y echaba a las viudas de sus casas los lunes. Esta forma de separar por categorías no resulta posible en una cultura basada en la Teoría de Sistemas.

Oí una vez que el ejército es la esencia concentrada de América, que en cierto modo combina la América rural con *Alicia en el País de las Maravillas* y Franz Kafka. Sea o no así, ¿no es también la esencia de la competitividad, del tratarse como adversarios? El tratarse como adversarios es kafkiano, con elementos de la Reina Roja (the Red Queen). He oído decir a abogados en mi trabajo que la mejor solución legal es aquella con la que nadie está conforme. ¿Es esa la forma de dirigir la sociedad? ¿O acaso lo es nuestro kafkiano sistema penitenciario? ¿Ve algo malo en todo ello?. Nadie gana en una guerra. Seguro que existe una fórmula mejor.

Cuando terminaba este trabajo, oí decir a un niño de 12 años, amigo de mi sobrino, que su ambición en la vida era ser "asesino a sueldo". Es de buena familia, buen muchacho, su madre es profesora, y vive en un barrio de clase media. En realidad no debí sorprenderme, pues este es el oficio ideal que nos presentan los medios de comunicación, ¿verdad?. ¿Qué lector masculino no ha soñado alguna vez hacer el papel de James Bond? Aun así le pregunto ¿es ese un ideal cultural realmente válido? ¿Cómo podría resolver los problemas ese ideal masculino?

Dale Carnegie decía en su libro *Cómo hacer amigos e influir en la gente* (How to Win Friends and Influence People) que las personas que consideramos muy malas, desde Al Capone a otros como él, en los años 30, nunca se creyeron malas. Se consideraban a sí mismas incomprendidas, buenas personas en situaciones adversas. El más vil y vilipendiado criminal sabe que tiene un fondo humano, aunque muy recóndito. Necesitamos encontrar mejores métodos para sacarlo a la superficie, en vez de ver solo la parte mala.

No sabemos lo que es una comunidad saludable, todo que lo que conocemos es la patología predominante. Sea como sea lo hecho en el pasado, lo que se hace ahora no marcha bien. Necesitamos nuevos enfoques, nuevas visiones del ideal, y un paradigma más saludable en el que basarlos. Me encanta poder participar en la presentación de este nuevo enfoque. ¡Basta de teoría!

NARRACIONES PERSONALES y EXPERIENCIAS

Los procedimientos de Manitonquat se parecen mucho a los de los narradores de la cultura tradicional. No queda tranquila mi conciencia si no incluyo en este manual una breve descripción de la presentación que hizo en la Conferencia de la National Storytelling Association (Asociación de Narradores). Señaló que la narración pudo muy bien haber sido el primer arte. Quizá fuera el primer viaje hacia algo distinto de la eternidad del ahora. Aristóteles ya dijo en su "Poética" que la mitología/poesía/historia no cuentan lo que ocurrió, dicen lo que siempre sucede.

Una de las narraciones favoritas de Manitonquat se refiere a las delfines, animal preferido en las costas de su tribu-nación. Su abuelo contaba esta historia; él podía resumirla en cinco minutos o alargarla a una hora o más, dependiendo de la audiencia. *Parece ser que hubo un enorme monstruo que aterrorizaba a la gente, tenía muchos y afilados dientes y era muy grande, rompía las redes, atacaba a las personas y en general causaba daños. Moshaup (un héroe de la cultura Wampanoag) fue primero a hablar con el monstruo. El respeto es la primera regla de vida, y la segunda la paciencia, por ello Moshaup intentó las dos. Sin embargo el monstruo no quiso escuchar, ni dejar de causar daños. Al cabo de un tiempo Moshaup notó que se le acababa la paciencia y decidió dar caza al monstruo. Lo persiguió y logró clavarle el arpón en el dorso. Pero el monstruo no sintió nada aunque se partió la empuñadura. La punta del arpón se le quedó clavada y sirvió para avisar a la gente de cuando se aproximaba el monstruo, podía verse el extremo del arpón cortando el agua.*

Moshaup se acercó a las delfines. Sabía que a las delfines les agradan los humanos, aunque a veces piensan que son demasiado serios. Les dijo que eran muy inteligentes [como realmente lo son, sus cerebros, especialmente la corteza cerebral, es más grande que en los humanos, tanto en tamaño como en comparación con el peso corporal. Es posible que antaño, las delfines volvieran al mar, junto a las ballenas y hayan tenido tiempo de perfeccionar su cultura]. Les pidió que intentaran solucionar el problema del monstruo. Estas contestaron que el monstruo tenía como arma sus afilados dientes y era muy mezquino, ellas lo evitaban. Moshaup respondió que él sabía que ellas eran muy inteligentes, que su arma es su cerebro y que podrían encontrar una solución para el monstruo, pero que él ni la sabía ni podía encontrarla.

Las delfines formaron un círculo [en él todos pueden mirarse a los ojos, todos son iguales, el círculo es la fuente de poder en la cultura nativa] y todas hablaron por turno. La primera dijo que carecían de formación y de entrenamiento para enfrentarse al monstruo, no podían pelear, pues son pacíficas. La segunda no estaba segura de lo que había que hacer; no habían sido entrenadas como guerreros y no podían enfrentarse a un animal tan grande, no había razón alguna para ponerse a hacer lo que no podían hacer. La tercera dijo que ellas son inteligentes, y por tanto podrían encontrar una solución. La cuarta dijo "¡Oh, ya lo tengo, escuchad, se nos da bien el jugar y divertirnos. ¿Por qué no hacemos lo que sabemos hacer? ¿Qué os parece si jugamos con el monstruo?. Somos expertas en divertirnos, y en pasar buenos ratos. Tendrá que adaptarse, marcharse, o volverse loco". Todas estuvieron de acuerdo en que éste era un buen plan. Además sabemos que un método es bueno cuando lleva emparejada la diversión, porque así es como el creador nos señala el camino a seguir. Si puedes resolver un problema disfrutando, sabes que esa es la solución correcta.

Y esto es exactamente lo que hicieron. Se arremolinaron en torno al monstruo y empezaron a dar vueltas en el aire, a saltar y a zambullirse. El monstruo marino estaba muy serio, e intentaba alejarse con rapidez, pero las delfines eran muy rápidas, y no se quedaban atrás. Una le mordió la cola, y cuando el monstruo se volvió para atraparla, otras dos se le acercaron y le golpearon con sus aletas dorsales, mientras que otra le mordió en el estómago. El monstruo se distrajo, y al cabo de un rato se sumergió tanto que las delfines no pudieron seguirle, se fue y jamás volvió. Las delfines contaron lo del monstruo a sus primos los delfines, y todos estuvieron de acuerdo en que jugar con los monstruos era una gran idea. Así ha sido hasta nuestros días, si ves delfines o sus primos los delfines, jugando en el agua, puedes estar seguro de que por allí no hay tiburones, ya que las delfines los espantan.

En la visión nativo americana del mundo, en general, la interacción humana ideal tiene lugar según el modelo del círculo. Lo que se va vuelve, atraes lo que eres, el ciclo de las estaciones, del florecimiento primaveral al calor del verano, a la calma del otoño y a la hibernación del invierno, todo se resume en un círculo. El círculo de una chimenea, el tambor, un habitáculo, el horizonte, el poder del mundo procede de círculos, como decía Black Elk.

Manitonquat citaba que la Madre Teresa, en un viaje a nuestro país, dijo que la gente no esta hambrienta de comida, sino de amor. El Padre

Thomas O'Brian, en su obra *"No puedes hacerlo solo"* (You can't do it alone), sobre su fructuoso programa de rehabilitación de drogadictos Daytop, dice lo mismo, que los adictos del mundo entero están hambrientos de esa energía que fluye naturalmente en una comunidad saludable. Tony Flaherty afirma que la sed de alcohol de los alcohólicos es una sed de espiritualidad mal encauzada, y que las culturas en las que tiende a aumentar el número de alcohólicos, tienen también una profunda tendencia espiritual, desde Irlanda a Rusia y a otros lugares. He leído que el alcohol y las drogas están presentes en más del ochenta por ciento de los delitos. Quizá la ansiedad asociada a ellos es un deseo mal encauzado de energía de la que carecen nuestras comunidades patológicamente inadecuadas.

Me vino a la mente la historia de la cuchara larga [en ella un hombre va al infierno y observa que nadie puede comer porque tienen unas cucharas extremadamente largas, y se pegan con ellas; luego va al cielo, donde tienen las mismas cucharas y allí SE ALIMENTAN UNOS A OTROS]. También pensé en la frase del Reverendo Ike *"Si no puedes quedártelo puedes pasarlo a otros"*. El círculo evoca todo esto y mucho más. Los consejos se celebran en círculo, pues en el círculo todos pueden mirarse a los ojos y todos son iguales. En la teoría china Feng Shui, las líneas rectas se consideran indeseables, y las sinuosidades y los círculos son buenos.

¿Dónde termina su sentido del Yo? Para muchos americanos, el sentido del yo termina en su propia piel. Esta es una idea muy particular, que mucha gente del mundo actual encontraría extraña. Una comunidad es un círculo de personas que tienen un sentido del yo más allá de su propia piel, en donde la gente se comunica y trabaja conjuntamente para su propio beneficio. La comunidad es para los humanos lo que la colmena para las abejas. Pueden ser personas que comparten el mismo lugar, que están relacionadas, o que comparten intereses comunes. ¿Acaso no es el yo de la "Comunidad" un tejido de cosas pequeñas aparentemente sin importancia, tal vez gestos, favores, preocupación por los demás, una sonrisa o saludo a alguien en la calle, y todas esas cosas que hacemos sin pensar?

Manitonquat indicó que la cooperación hace a los seres humanos ser lo que son. Los humanos no corren como los depredadores, no tienen garras ni colmillos, y son en sí mismos más bien débiles. Sobreviven gracias a la cooperación. La cooperación es lo que mejor define a los humanos. Quedó claro que la competición tiende a hacer a la gente necia, y citó discursos políticos, entre otras cosas, como prueba de ello.

Una comunidad culta y saludable es un círculo de cooperación, incluso, metafóricamente, una "cesta", que se mantiene unida gracias a la confianza mutua, el respeto y la interdependencia. Las corporaciones y organismos similares son pirámides, o triángulos, con bordes bien definidos, incluso afilados. Sirven para algunas cosas, para determinados trabajos, pero no para otros.

En la India, la gente se saluda, al menos los mayores, juntando las palmas de sus manos y se dicen *"Namaste"*. Podríamos traducir esta palabra como *"Reconozco y saludo la divinidad que hay en ti"*. La máxima "En lo que te concentras, crece", ya nos dice algo sobre la fuerza de esta demostración de respeto.

Manitonquat dijo que los bebés pasan nueve meses en un lugar muy confortable, y que salen de él con naturalidad y llenos de amor. Salen de su morada en el vientre, y encuentran que la gente es... extraña. Como adultos, sabemos que debemos superar nuestras dificultades de adultos, pero los bebés no lo saben, y se protegen con una máscara para sobrevivir. Todos llevamos una máscara. Podemos pensar en una amistad en la que se encuentran dos máscaras, y poco a poco dan paso a su verdadero yo, a veces las cosas no van tan bien, ya que la máscara y el verdadero yo no tienen por qué armonizar. Tu máscara pública es el yo que presentas en tu currículum. La máscara de las personas estresadas y traumatizadas es más gruesa.

También hay una máscara menos rígida, es la que nos ponemos con los amigos. Yo me pregunto: ¿Cómo sería tu currículum si solicitaras ser amigo de alguien?. Luego están las capas más profundas. Una parte de artesano, una parte de "Shakespeare", que contiene las semillas de la grandeza. Tal vez tengas una parte "oscura", de esperanzas reprimidas y de temores. Tal vez haya una parte de "niño interior". Y quizá otra tan recóndita que cuando haces algo fuera de tu personalidad, dices: "¿De donde ha salido eso?", y no estás muy seguro.

El estrés es parte natural de la vida. La energía estresante surge dentro de nosotros, y se integra en nuestro paisaje interior, en nuestra vida interior. A veces el hombre acumula resentimiento en su pecho durante años, lo que tal vez sea origen de ataques al corazón, pues la energía acumulada debe liberarse si no se canaliza adecuadamente. Un círculo de personas puede ser un arma poderosa para liberar la energía estresante. Es el caso de Alcohólicos Anónimos y grupos similares. El mínimo de personas para formar un círculo es dos. Si a uno se le permite descargarse de sus venenos internos, oír que *"es normal cometer errores, hiciste cuanto pudiste con lo que tenías a mano"*, uno puede liberarse de las capas que le enmascaran, y regresar a su verdadera esencia.

Manitonquat dijo que había que ponerse de acuerdo con un amigo, y hablar con él, digamos unos diez minutos, y que nos escuche atentamente, sin interrumpir. Tras los diez minutos, se cambia y es él el que habla. Manitonquat recomendaba elegir temas positivos, *"jugosos"*, algo que *"te resuene"*, algo que parezca que merece nuestra atención, pues esos son los indicadores de los temas importantes. Puedes pensar en cual es tu verdadera naturaleza, qué pretendes, ver la historia que se cuenta con este ejercicio como una lente que defina, tal vez, tu lugar en el universo.

Manitonquat señala que unos han sufrido más daño que otros, y por ello han de atravesar más capas para llegar a la esencia de su ser. Con este ejercicio, y con tiempo suficiente, él creía que podía penetrar en lo más humano del peor asesino en serie. Dijo que ninguno de los presos con los que había tratado procedía de buena familia, que todos habían estado sometidos al dolor y a castigos severos desde la infancia, y que habían pasado de familia en familia adoptiva hasta hacerse adultos sin tener un amigo en quien confiar y mucho menos una familia normal.

Así pues, los participantes del taller nos repartimos en grupos de tres, y se escuchó a cada uno durante cinco minutos con gran respeto, con lenguaje corporal de atención (inclinación adelante, contacto visual, etc.). Tal vez fuera la preparación de Manitonquat con sus historias, tal vez otra cosa, pero todos los de mi grupo nos sentimos mucho más limpios por habernos expresado y habernos liberado de lo que nos corroía por dentro. Me sorprendió el poder y la fuerza de nuestro desahogo. En esos breves quince minutos, tuve una sensación de verdadera relación y comunión con personas que hasta poco antes me eran absolutamente desconocidas, y todos nos liberamos de cosas que nos habían molestado durante tiempo.

Fui en Busca de una Visión (Vision Quest) el año anterior, pasé cuatro días en un bosque, en el estado de Nueva York, solo con agua, y tuve mi Visión, una pizza doble de queso. Conté esto para reirnos. Uno dijo que la pizza era el símbolo perfecto de comunidad, todos tienen su parte, la gente está a gusto alrededor de una pizza, es un círculo, y por supuesto la imagen perfecta para los manuales que he estado haciendo [como este mismo, en parte pasado a ordenador en mi tiempo libre] para compartirlo con quienes les interese. Bien, fue algo profundo para mí.

El rayo cae cuando la carga eléctrica crece y crece, sin posibilidad de descarga, y en cierto momento se abre camino en forma de enorme descarga de la energía acumulada. La violencia criminal tiende a actuar de manera similar. Una vez que las personas se integran en una comunidad saludable, canalizan sus energías hacia actividades útiles. Como mucho de lo que he aprendido de los pueblos nativos, el ejercicio parecía muy sencillo por fuera... pero mientras más lo consideraba, más profundo se hacía. Me gustó tanto que una semana después traje gente a hacer el mismo ejercicio... y no querían irse cuando terminó. Estaban encantados.

No puedo hacer justicia al ejercicio en letra impresa, era más de lo que puedo decir en simples palabras. Manitonquat dijo que nos habríamos sentido mejor con veinte minutos por persona, en vez de cinco, incluso mejor con una hora... y yo lo creo. Creo posible que este ejercicio pueda descargar muchos sentimientos negativos que parecen ocupar gran parte de nuestro mundo. Además... es barato. Una solución barata que funciona bien, con otros beneficios, no hay nada mejor. Además, el ejercicio puede hacerlo la gente por su cuenta, no precisa de ayuda exterior tras la primera vez. Las comunidades autosuficientes satisfacen más, y son mucho más fáciles de gestionar.

He participado en muchos encuentros de diverso tipo que resultaron pobres porque la gente tenía que "desahogarse", y la negatividad que sacaban envenenaba cualquier propósito positivo. Esas personas carecían aparentemente de posibilidad o de recursos culturales para drenar de antemano sus resentimientos. Este solo ejercicio me resolvería muchos problemas en mi actividad. ¿A cuantas reuniones ha asistido usted en las que alguien se salía por la tangente, tocando asuntos totalmente irrelevantes para el tema tratado? ¿Ha tratado alguna vez con personas de "visión negra", que acumulan sus resentimientos poco a poco, "sello" a "sello", justo como en los viejos álbumes verdes, y luego explotan ("tiran los sellos") sin razón aparente, a la menor provocación? Esto resulta irrespetuoso, pero carecemos de medios para corregirlo.

Este fue para los participantes un verdadero ejercicio de "Narración Medicinal". "Medicina" es una traducción muy pobre de las palabras Nativas que se refieren a lo que hace auténticas ("whole") a las personas. En inglés "whole" (auténtico, entero), "healthy" (saludable), y "hale" (sano, fuerte) proceden de la misma raíz. Así pues "Medicine" (Medicina) es todo aquello que nos hace auténticos, y un "Medicine man/woman" (Hombre/mujer de la Medicina) es aquel que proporciona lo necesario para hacer auténticas a las personas. Lamentablemente, no existe palabra mejor en inglés. El término Navajo *"hozho"*, que podría traducirse parcialmente como "chispeante, armonioso, alegre, sana belleza", se acerca mucho. Tradicionalmente, el sentido de la vida para el pueblo Navajo, ha sido la creación del *hozho*. Ello es diferente al sentido que parece tener la vida en nuestra cultura, como se desprende de adhesivos como "Quien muere con más juguetes, gana". Doy las gracias a mi profesora, Xine Parcoeur, que me "liberó" de mis resentimientos, usando precisamente el método descrito, en un momento en el que lo necesitaba desesperadamente, hace muchos años. Este manual no estaría en las manos de usted de no ocurrir esto. Los métodos aquí descritos sirven para toda persona interesada, ciertamente no solo para los programas de prisiones.

El programa que se describe aquí tiene dos características:

1. Funciona.
2. Es económico.

Bonita combinación. No puede decirse lo mismo de otros programas.

Bueno, basta de palabras, pasemos al manual.

Michael Paterson

DEDICATORIAS

A Loren Acquin y FrankTorres

A los ancianos que empezaron estos círculos:
Chief Big Eagle, Nación Paugusett (Aninishnabe)
Powwau Slow Turtle John Peters, Nación Wampanoag
y conmigo en New Hampshire
Chief Walks Tall Bill Bolding, Nación Apache (Indeh)
PeeMee Bolding, Nación Mohawk (Haudenosaunee)
a todos los que se han ido de este mundo
requiescat in pacem

y a los otros colaboradores:
Stockwan Ed Sarabia, Nación Tlingit
Bob Bassett, Nación Mohawk (Haudenosaunee)
Fred Levesque
Michaeleen Kimmey y la Beechtree Medicine Society
Capellanes Padre Bruno, CT y Dan Smith, NH

Para Raven Jim Farnham, Lydia Gray, y Ellika Lindén
y a los presentes y pasados miembros de los círculos de las Prisiones de Osborn, Enfield, Carl Robinson, MacDougall, Brooklyn y Cheshire en Connecticut, North Central, Shirley Medium y Maximum, Norfolk y Old Colony Prisiones en New Hamphshire y las prisiones del estado de New Hampshire en Concord y Berlin, New Hampshire

y a Leonard Peltier y a todos los presos politicos en todo el mundo.

INTRODUCCIÓN A LA NUEVA EDICIÓN:

He tenido un sueño hace una semana. De verdad. Suelo soñar cuando duermo, y muchos de mis sueños son instructivos, pero este lo ha sido de forma poco usual. Soñé que era un preso en el patio de una cárcel, con muchos otros presos dando vueltas. De repente hubo un disturbio, los hombres corrian huyendo de algo. Yo corrí. En la confusión, encontré unos agujeros que alguien había hecho en las tres vallas que rodeaban la prisión, y escapé.

Entonces el sueño saltó a muchos años más tarde. Yo había creado un negocio exitoso y era tan rico que volví, y ¡compré la prisión! Gané a otras compañías privadas de prisiones interesadas en la compra. Contraté personal y les dije que esta prisión iba a ser diferente. El objetivo de esta cárcel no iba a ser castigar, sino sanar las heridas. Se reconocería el hecho de que estos delincuentes eran además víctimas de violencia.

De niños, sólo hubieran querido jugar y divertirse, ser tratados bien, tener cercanía con las demás, ser amados y apreciados, y haber sido guiados de forma amable hasta haberse convertido en buenos seres humanos. Eso era lo que necesitaban. No es su culpa que no recibieran la aceptación y la amable guía que todos los niños merecen.

En esta cárcel, iban a ser respetados y tratados como seres humanos por primera vez en su vida. No podrían marcharse hasta que el personal que trabajara con ellos acordara que ya estaban listos para salir, pero serían tratados con amabilidad y comprensión, y con compasión por el maltrato que habían sufrido. Ya les habían hecho suficiente daño, más daño no les iba a hacer mejores personas. Estos presos se sentarían en círculo todos los días. Círculos como los que has visto descritos en este libro, los círculos que hemos mantenido en funcionamiento en las cárceles durante los últimos venticinco anos.

Allí aprenderían que el respeto no es algo que tengan que ganarse, sino algo que merecen. Y así acordarían que deberían darse ese respeto unos a otros. Serían respetados, escucharían a los demás y serían eschuchados.

Los hombres en nuestros círculos están deseando venir al único lugar en la cárcel y a la única hora de la semana, en que saben que serán respetados y escuchados, y en donde pueden ayudarse a sí mismos ayudando a los demás. Y en mi sueño sobre la cárcel, le dije a la opinión pública que estábamos interesados en hacer negocio y a la vez, salvar vidas.

Ofreceríamos una amplia gama de educación, en comercio, en negocios, en ciencia y en arte, y se enseñarían habilidades sociales sobre como ser buenos padres y tener buenas relaciones de pareja. Podrían sacarse un certificado de escolaridad, una diplomatura, o una licenciatura; podrían hacerse enfermeros, trabajadores sociales e incluso abogados. Podrían, tal y como lo han hecho muchos ex-integrantes de nuestros círculos, encontrar formas de agradecer el hecho de haber sido rehabilitados.

Empezando nuevos círculos, haciendo trabajo voluntario como ayudar a jóvenes con problemas o ir a residencias de ancianos y a centros de la tercera edad. Convertirían los golpes que les ha dado la vida, en enseñanzas y ayuda a los demás. Llego a este trabajo, como un Nativo-americano, miembro de una tribu, dándome cuenta de que antes de que los Europeos vinieran a este continente, aquí no había cárceles. Me crié entre los cálidos y amables círculos de una tribu, de un clan, de una gran familia dónde no había delincuencia.

No existía el oficio de delincuente. Si alguien hacía algo malo, no se le metía en una jaula. Nuestros antepasados ni siquiera ponían a los animales en jaulas. La persona que había obrado mal era llevada a un círculo, compuesto tal vez por jefes y ancianos, o tal vez por toda la comunidad.

En el círculo, todo el que quisiera hablar sería escuchado, porque lo que había pasado afectaba a toda la comunidad. La decisión final estaría motivada no por un deseo de venganza, ni por un deseo de castigar, pero por un deseo de restablecer el equilibrio y la armonía de la Creación, y por la necesidad de curar a la comunidad, incluidas las víctimas y los malhechores.

Este concepto de justicia está ahora volviendo a estar presente, y con buenos resultados en algunas comunidades nativas de Canadá. Cuando un indio ha cometido un acto indebido, en algunas áreas, el gobierno permite ahora que operen las tradiciones tribales. No hay juez, ni jurado, ni abogados de cada parte, en cambio todas las personas de la comunidad, incluido el acusado, tienen oportunidad de descubrir la verdad y de restablecer el equilibrio y la armonía para el pueblo. He aquí un artículo que escribí para *YES! Magazine* (la revista Yes!) en el que hablo del libro *Peacemaking Circles* (círculos de la Paz). (Comentario de Manitonquat en *Yes! Magazine*, invierno de 2007.)

En los Estados Unidos hay más personas encarceladas en proporción a la población total que en cualquier otro país. Más de dos millones de personas están en prisión, y muchos más millones entre familiares de presos y víctimas, están sufriendo. Pero, a medida que se incrementa la construcción de presidios y aumenta la encarcelación, las estadísticas nos muestran que en el 2005 también aumentó el numero de delitos violentos.

Está claro que el sistema no funciona, pero todo lo que los legisladores sugieren son sentencias más duras. ¿No es una forma de psicosis el seguir haciendo lo mismo pero esperando resultados distintos? El libro *Círculos de la Paz: Del crímen a la comunidad,* presenta una forma innovadora de traspasar las limitaciones del sistema judicial vigente para lograr un enfoque de la justicia orientado hacia la comunidad, que involucre a todos los afectados por los terribles daños ocasionados por la delincuencia.

Este proceso, que nace de la antigua tradición de los primeros pueblos que se servían los Sagrados Círculos para resolver los problemas de la comunidad, puede sanar a las familias devastadas por el crimen y unir más estrechamente a la comunidad afectada. Los círculos de la paz consiguen este objetivo desviando el actual enfoque de la justicia de "ojo por ojo, diente por diente" de vamos "a quedar iguales", hacia el muy diferente "vamos a ponernos bien tanto el agresor, como la víctima, como la comunidad".

En los círculos se les pregunta a las víctimas cual ha sido el daño causado y que puede hacerse para subsanarlo y llegar a la "curación", escribe el autor. Al participar en los círculos, las víctimas se sienten a menudo menos aisladas en su dolor causado por el delito y consiguen, de forma gradual, reintegrarse a sus familias y a su comunidad.

Este proceso también beneficia al agresor. Los círculos proporcionan a muchos agresores su primera experiencia de como ganarse el respeto sin recurrir a la violencia, y con verdadero interés y atención por parte de los demás. Los círculos también les ayudan a darse cuenta de su potencial y esto les da esperanza para el futuro. Nos tratamos unos a otros con respeto y en última instancia de manera sagrada porque consideramos a cada persona como parte de un todo e indispensable para ese todo, explica un participante. También nos consideramos en conexión con todos los demás seres vivos y, por tanto, lo que les pase a ellos también nos afecta a nosotros. Nuestra conexión nos hace responsables de cuidar unos de otros y de tratar de reparar las redes que nos sostienen a todos.

Hecho trabajo voluntario en este campo por más de treinta años, organizando círculos en cárceles de tres estados dentro de los EE.UU., y también en otros países, y puedo atestiguar sobre el poder que tienen estos círculos al rehabilitar y encauzar a las personas por el buen camino dentro de su comunidad. Dentro de programas de esta índole que he llevado a cabo en diez cárceles, solo sé de cuatro personas que han vuelto a caer presas otra vez.

Además, me han repetido muchas veces lo que un ex-integrante de estos círculos dice en este libro: "El círculo salvó mi vida. Sin él, yo ya estaría muerto." *Los Círculos de la Paz* es un manual de utilidad para todo aquél que quiera empezar a hacer este tipo de trabajo, no solo en el campo de los sentenciados a penas de prisión, sino también en otras áreas de preocupación social, como el consumo de drogas, la violencia doméstica y el trato con jóvenes agresores y niños con problemas. La lectura de este manual no logra transmitir la experiencia del círculo. Tendrías que participar en uno para entenderlo realmente. Este libro te enseña como hacerlo.

Más importante, *Los Círculos de la Paz* nos apremia a que participemos activamente en la transformación de la sociedad y nos dice como contrarrestar el aislamiento que existe en el mundo moderno occidental y como volver a crear comunidades verdaderas que nos acojan con nuestra humanidad, nuestra creatividad, y nuestra capacida de "curarnos", unos a otros.

Quiero atraer especial atención al capítulo seis de este libro, en donde expreso mi profundo deseo de tener un lugar dentro del seno de la naturaleza para que los ex-presidiarios arreglen y reconstruyan sus vidas con la ayuda del círculo. Lo que yo llamo el Camino del Círculo. Este capítulo es especial, espero que tenga una gran variedad de lectores y es el que espero que inspire a algunas personas a organizar, y a conseguir fondos para construir este lugar, que sirva como modelo para el mundo, de lo que todavía podemos hacer.

Los hombres que han hecho y han visto lo peor, y que han sido capaces de cambiar a una nueva vida a través del círculo, son los mejores expertos en acabar con la delincuencia. Y si usted conoce a personas adineradas que quieran comprar una cárcel y revolucionar los correccionales, mándemelas a mí. Yo ya tengo 81 años, y quiero que esto ocurra mientras estoy vivo.

A todos los lectores hispanos: en toda latinoamérica hay una poderosa fuerza internalizada en la sociedad, de una auto devaluación en la que los descendientes de los conquistadores españoles estan en lo más alto de la escala social, y que baja hasta los mestizos, y hasta los indios - lo más bajo. Los que en otros tiempos cualquiera que estuviera fuera de la tribu, despreciaría. Hoy en dia, la conciencia está cambiando.

Las personas están empezando a darse cuenta de que en sus familias hay mucha más sangre nativa de la que anteriormente hubieran querido admitir. Y se están empezando a sentir orgullosos y con razón, de su ascendencia india, además de su ascendencia española y además, quieren conocer y conectarse con esa herencia. Nosotros, los nativos norte americanos de los Estados Unidos y de Canadá queremos darles la bienvenida a ustedes como parte de nuestra familia y así unirnos para explorar la sabiduría y los profundos conocimientos que nos han dejado nuestros ancianos.

Alguien pregunta ¿"cual es el *buen camino rojo*?" Para el autor, es la senda que nuestros ancianos trataron de enseñarnos, en armonía con la Creación, un camino que encontramos con el corazón y que caminamos de forma sagrada. Caminar de forma sagrada, dicen nuestros ancianos, es dar cada paso sobre la Tierra Madre en modo de oración. Para nosotros la oración es siempre dar gracias.

Damos gracias cada vez que nos reunimos, en todo lo que hacemos, cuando nos despertamos a un nuevo día, cuando comemos, trabajamos, jugamos, hacemos el amor, dormimos- el dar gracias nos hace ser conscientes de cada respiración que hacemos, de cada momento. Si podemos mantenernos dentro de ese camino rojo de consciente sabiduría, podemos mostrarles a nuestros hijos y a las generaciones futuras ese camino de seguridad, salud, armonía y belleza, para que también lo sigan.

INTRODUCCIÓN: Crimen y Castigo

Crimen y Castigo. No necesitamos persuadirnos de que en nuestros tiempos existe un gran problema en esta área. Es un problema de todos los continentes, de todos los países. Los Estados Unidos, aparentemente modelo para el mundo de sociedad madura y próspera, tiene, per capita, más gente en cárceles y prisiones que cualquier otro país de la tierra, bastante más del millón de personas. Y la población reclusa aquí, y en todas partes, sigue aumentando.

Las instalaciones carcelarias están superpobladas, hay un boom en la construcción de cárceles, las mejores oportunidades de trabajo hoy en día son para funcionarios de prisiones, y los políticos piden condenas más largas y duras para los delincuentes. Actualmente hay un fuerte movimiento para que los menores, responsables de delitos violentos, sean juzgados como adultos.

El hecho de que las cosas no marchen bien no parece despertar nuevas ideas en esta materia. Veinte años de una política de encarcelamiento más rígido no han sido la solución. La población reclusa de los estados Unidos se ha duplicado de 1981 a 1991, y ha vuelto a duplicarse en los últimos cinco años. Actualmente cuesta a los contribuyentes americanos más de 16.000 millones de dólares (16 billones americanos) al año el mantener a los delincuentes entre rejas.

Quizá pudiera soportarse si los delincuentes se rehabilitaran y dejaran de ser un problema para la sociedad. Pero el índice de reincidencia, presos liberados y encarcelados de nuevo por otro delito, es altamente desalentador, frecuentemente el 85 % cuenta con un solo delito o son jóvenes. La delincuencia sigue en alza, especialmente entre los jóvenes. El único caso en que la prisión parece ser eficaz es el de los delincuentes adultos que han pasado la mayor parte de su vida entre rejas.

Puesto que mantener a una persona en la cárcel cuesta de 25 a 30.000 dólares al año, no parece muy rentable necesitar de 20 a 30 años para rehabilitar a un delincuente. Las prisiones suponen un buen pellizco para los presupuestos estatales, con escaso resultado en el índice de delincuencia. *"Las cárceles son ese tipo de cosas en donde la política y el coste de la política no están sobre la mesa al mismo tiempo"*, decía Alfred Blumstein, decano de la School of Urban and Public Affairs de la Carnegie Mellon University. *"La respuesta al odioso crimen del mes*

119

sigue siendo una enérgica respuesta punitiva de golpes al presupuesto", añadió, pero *"existe una creciente sensibilización de que esto no puede seguir siempre"*. El Sentence Project, organización no lucrativa dedicada a la investigación, declara que "el encarcelamiento a gran escala no es la panacea para el crimen. La sociedad más rica del mundo ha fracasado en alcanzar una sociedad relativamente segura". La proporción de minorías reclusas es tremendamente alta en relación con el conjunto de la población.

Casi medio millón de hombres de raza negra están en prisión en los Estados Unidos, cuatro veces la tasa de encarcelamiento de Sudáfrica. Como dice el Profesor de Derecho de Harvard Charles Ogletree "Los Estados Unidos deberían avergonzarse con este informe que acusa así a una nación civilizada. El hecho de que gastemos siete mil millones (siete billones americanos) de dólares al año para encarcelar a hombres de raza negra y menos del 10 % de esa cantidad para educar a hombres negros es índice claro de que nuestras prioridades están invertidas".

La tasa de criminalidad en los Estados Unidos es siete veces superior a la europea. Ninguna otra nación se nos acerca en el número de delitos violentos y asesinatos. El número de asesinatos es de 10,5 por cada 100.000 personas en comparación con el 0,8 de Gran Bretaña y el 1,0 del Japón. Hay países que ven a los Estados Unidos como una cultura que celebra la violencia y la libertad en el control de armas. El problema tiene más complicaciones. Los legisladores piden penas mínimas obligatorias, quitando a los jueces la posibilidad de decidir cada caso según las motivaciones que en él hubo, y tratando a todos los criminales por igual, con independencia de las circunstancias.

A la vez hay reticencia a liberar a presos, considerados no peligrosos, para dejar sitio a otros que son una verdadera amenaza para la sociedad. Además del hecho de que haya más internos cumpliendo sentencias más largas, los gobiernos persiguen y castigan con cárcel delitos tales como el consumo de drogas, el conducir ebrio, los delitos sexuales y las agresiones, que sería mejor afrontarlos con otros programas más eficaces, y dejar sitio en las prisiones para los criminales más peligrosos. Casi la mitad de los internos de las prisiones federales están en ellas por delitos relacionados con las drogas, pero más de la mitad de ellos no recibe tratamiento en la cárcel. Menos de la mitad de todos los internos cumplen condena por delitos contra las personas, y casi no existen programas que afronten eficazmente las causas que llevaron a sus autores a cometer tales delitos.

Hoy en día, la delincuencia es uno de los temas que más preocupa a los americanos, pero ni la aplicación de la ley, ni el sector penitenciario, ni los sociólogos han encontrado programas que realmente funcionen, por tanto parece no haber más alternativa que pedir más a un mismo planteamiento que no funciona. Algo como decir que si tu medicación actual no es eficaz, debes seguir tomándola hasta que te haga efecto. Muy pocos se molestan siquiera en preguntarse por qué nuestro sistema correccional no corrige.

El problema es que pensar en vez de simplemente reaccionar requeriría abrirnos a ideas que cuestionan nuestras arraigadas creencias sobre la naturaleza humana. Es más fácil para la sociedad seguir haciendo lo que se ha venido haciendo durante siglos. Infringes la ley, te vas a la cárcel. Y así nos olvidamos del caso. Creemos poder aprehender a todos los malhechores, ponerlos fuera de nuestra vista y esperar a que pase algo mágico que justifique el término "Corrección".

En cuanto se detiene al delincuente se le juzga y se le condena, y así todos respiramos tranquilos. El delincuente está "fuera de las calles" y nosotros nos sentimos seguros sin él. Nos olvidamos, tenemos asuntos más urgentes. Hay más felones a los que aprehender, juzgar y encerrar. ¿Se llenan nuestras cárceles?. Hacemos más. Los ex-convictos vuelven a delinquir. Tres delitos y los echamos fuera para siempre. Problema resuelto. Dejemos que el Departamento de Justicia se ocupe de ello.

No importa si la amenaza de cárcel no es disuasoria para el creciente número de jóvenes que delinquen. No importa el que cuando se encarcela a un joven delincuente es como mandarle a la universidad del crimen, en donde puede aprender mejor su vocación. No importa el que haya pocos programas eficaces o incentivos para ellos en la cárcel. No importa el que la palabra "Corrección" sea un nombre inadecuado y la rehabilitación una farsa.

No importa el que paguemos su alojamiento y manutención al precio anual que cuesta enviar a nuestros hijos a la universidad. No importa que casi no haya programas de ayuda al ex-convicto para que se reintegre en la sociedad, que los casos confiados a los oficiales responsables de la libertad bajo palabra sean demasiados para poder atender eficazmente la asistencia.

Incluso si tenemos alguna relación con el preso, y parece que no falta mucho para que todos en América tengamos algún conocido en la cárcel, queremos olvidarlo. Nos molesta el que salga a relucir su nombre.

Muy bien. Podemos seguir con esta letanía sobre crimen y castigo, pero creo que ya es bastante para que veamos la magnitud del problema. Quizá bastante para que nos detengamos y saquemos la cabeza de la arena y lo afrontemos. El delito, más particularmente la violencia, el robo y el tráfico de drogas, nos afecta materialmente durante toda la vida. Vivimos cada vez más en un estado de temor, ira y confusión. Seguramente habría una solución si todos concentráramos nuestra mente en ello.

Bien, lo bueno es que de hecho hay soluciones. La razón de escribir esto es para que se sepa que he estado aplicando una solución durante doce años, y que funciona. Funciona mejor que cualquier otro programa que yo conozca, y creo saber por qué funciona tan bien. Este es el momento de hacer saber a todos que hay esperanza real para nuestra doliente sociedad. Tenemos que sacrificarnos para hacer que alguna solución sirva. Tenemos que abandonar los antiguos criterios sobre el castigo. Tenemos que acabar con la venganza y el premio.

Tienen sus satisfacciones [aunque transitorias], y no resulta fácil renunciar a ellas. Pero si estamos seriamente interesados en una solución, si realmente queremos compensar a las víctimas, rehabilitar a los infractores y reducir el delito violento, entonces tenemos que dejar a un lado nuestro deseo emocional de venganza y tratar el tema de forma práctica y realista. El hecho es que el castigo ni disuade ni rehabilita. La idea de que lo hace se basa en creer que los delincuentes son seres racionales que han tomado la decisión consciente de cometer actos criminales y que con la misma facilidad podrían tomar la decisión consciente de no cometerlos. Este es un pensamiento simplista y confuso que no tiene nada que ver con la realidad.

¿Cómo podemos esperar que un hombre que nunca aprendió nada en toda su vida llegue a hacerse un ser humano pleno, que a quien se condenó por algo inhumano, se encarceló y se trató como a un ser no humano, a veces con el mismo trato inhumano del que siempre fue objeto y que él mismo dio a los demás durante años, se le abra la reja y se le devuelva a la sociedad diciendole: "Vete y desde ahora compórtate como un ser humano"?.

Hemos aprendido varias cosas con este programa, una es que para ayudar a un ser humano y hacerle humano, valerse de la humillación y de los malos tratos es contraproducente. La humillación no sirve. El orgullo, la autoestima, la esperanza sí son efectivos y útiles para ayudar a alguien a lograr la plena humanidad.

Por ello quiero hablar de nuestro programa para prisiones, explicar como funciona, y ofrecer mis ideas de por qué funciona. Luego sugeriré algunas pautas para adaptar este programa de forma que pueda expandirse y hacerlo idóneo para las instituciones correccionales de todo el mundo. Lo que presento no es teoría, se trata de hecho de un programa totalmente efectivo que ha demostrado serlo. Recordemos que la tasa de reincidencia alcanza el 65-85 %, con nuestro programa la proporción de gente que retorna a actividades delictivas se sitúa entre el 5 y el 10 %, y estoy seguro de que, disponiendo de organización y fondos para un programa post-prisión para estos hombres, podríamos bajar ese índice y acercarlo a cero.

No hablamos de pronta libertad condicional, ni de trabajo fuera de la cárcel, ni de privatización de cárceles, ni de ejercicios en campos de instrucción, ni de condenas adecuadas o condenas obligatorias, tales como tres veces y se acabó. Un problema con todo esto es que se ha hecho para las masas [y para difundir una imagen política].

Solo la atención humana individualizada puede hacer efecto en el ser humano para lograr el completo cambio de vida que se precisa. Oímos muchas veces que personas en libertad condicional, nada más salir cometen un nuevo delito. La razón está en que los tribunales de condicionales no tienen conocimiento individualizado completo del estado mental-emocional del solicitante. En este programa los grupos son pequeños y todos se conocen entre sí, incluidos los moderadores.

Dada la sinceridad e intimidad del grupo, si alguien es deshonesto u oculta algo, eso sale a la luz. Otro aspecto llamativo del programa es que *no es caro*. A cambio de un pequeño desembolso, la sociedad puede ahorrarse miles de millones de dólares (billones americanos) en gastos por daños a propiedades y en gastos médicos de las víctimas, al igual que gastos para vigilancia, y otros gastos legales y correccionales. Por ejemplo, en este momento atiendo entre 120-150 internos en siete prisiones estatales y hago visitas esporádicas a otras prisiones.

Mis gastos por desplazamiento ascienden a cien dólares semanales. Como mi programa no está subvencionado por organización ni gobierno alguno, debo trabajar para afrontar ese gasto. Si hubiera alguna organización que financiara mi trabajo, y yo pudiera trabajar con dedicación plena y un tener pequeño salario, posiblemente podría hacer programas bisemanales para un millar de internos. En las siete instituciones a las que asisto hay posiblemente diez mil presos, por tanto diez personas como yo podrían llevar el programa a todos los internos.

123

Podríamos contar con voluntarios, un cuerpo de paz de prisiones, o aprovechar el actual o nuevo personal de prisiones. La preparación sería profunda e intensa, pero no necesariamente cara. No se trata de un milagro instantáneo, y los resultados se verían pronto en unos cuantos participantes, para muchos harían falta meses y con algunos se tardaría años. Esa es mi experiencia hasta ahora con el programa. No ha habido nadie que no se haya beneficiado, siempre que hayamos tenido tiempo.

En este libro voy a describir el programa y diversos procedimientos utilizados que han resultado muy satisfactorios. Es de señalar que estamos hablando de procedimientos que sirven realmente, que han apelado a la humanidad de los participantes, les han enseñado técnicas para superar el estrés, los conflictos y demás problemas de la vida, a hacer frente a situaciones nuevas con mente abierta e ideas flexibles, a realzar la esperanza y el amor en sí mismos y en sus relaciones, y a sentir satisfacción en el servicio a los demás, a la tierra y a toda forma de vida.

Hablamos de adoptar este procedimiento y hacerlo válido para cualquier interno de cualquier institución del mundo, para todo excarcelado o en libertad condicional, y para todo el que corra el riesgo de caer en la droga o el delito. Podemos enseñar a los demás a hacer lo que hacemos, de forma fácil y poco costosa. La preparación requerida es intensa y global, pero es relativamente breve, 30-60 horas a lo largo de varias semanas, con controles periódicos tras ellas o durante tres horas al mes.

Queremos llegar más lejos, crear casas intermedias regidas por ex-convictos cualificados en el programa, que continuarían la actividad en el exterior, facilitando a los que salen apoyo, residencia temporal y gradual reintegración en la sociedad. Estas casas montarían negocios gestionados por ex-convictos, que darían empleo a algunos, y servicios para encontrar trabajo a otros. Algunos participantes del programa cualificados ayudarían a impartirlo en las instituciones penitenciarias, y, para los jóvenes, en organizaciones juveniles, en escuelas y en las calles.

Lo que voy a describir en este libro es un programa que si se amplía de la forma que fácilmente puedo entrever, podría acabar con la delincuencia de nuestros tiempos. ¿Acabar con la delincuencia? ¿Es posible? ¿Acaso no ha existido siempre la delincuencia?.

Bien, no realmente. Muchos de ustedes, lectores, se han educado según la historia de su civilización, y admito que en esa civilización la delincuencia se ha prodigado durante mucho tiempo. Pero hace cuatrocientos años, antes de que la civilización llegara a esta parte del mundo, la delincuencia era desconocida en el continente Norteamericano. Aquí no había cárceles, ni se necesitaban. No existía una clase criminal, ni gente dedicada al robo o a la violación de otros. Los errores humanos que pudieran cometerse se saldaban en la comunidad mediante acuerdos para darles reparación. [Esto es típico de muchas culturas indígenas de todo el mundo, no solo nativo americanas].

Son complejas las razones por las que no había delincuencia en este continente hasta que llegó importada de Europa. Las describiré brevemente a lo largo del libro. Y no cabe duda de que no se eliminará totalmente la delincuencia mientras el conjunto de la sociedad no se transforme en algunos aspectos básicos. Y considerando las posibilidades de expansión que un programa como este puede originar, puedo prever esa transformación.

Y los principales agentes y colaboradores para esa transformación serán los ex-presidiarios que se habrán transformado a sí mismos, que conocen el delito desde dentro, esta sociedad desde su base y que habrán aprendido a ayudarse entre sí y a las demás víctimas.

Lo que quiero presentar para consideración de todos en este libro es la descripción de un programa que, durante su limitada aplicación en los pasados catorce años, se ha visto que funciona en un área que tanto nos preocupa a todos y en la que todo cuanto ha hecho la sociedad no ha servido. No proclamo con ninguna certeza que la expansión de este programa vaya a ser la panacea para los males de una sociedad atenazada por la droga y la violencia, pero debo decir que ciertamente la posibilidad existe y por una vez desearía ver que este sueño se adopta y es estudiado por otros para ver hasta donde podemos llegar.

PRÓLOGO. Cómo empezó todo para mí.

Era un día gris y húmedo en Puget Sound. La clase de día que hace que todo parezca y resulte macabro. Y macabro era el porvenir que se nos avecinaba. Una isla fortaleza que se eleva sobre las olas como una aparición de la Europa Medieval. Cuanto más se acercaba nuestra embarcación a su funesto destino, más aprensiones tenía yo. Aunque trataba de recordarme a mí mismo que no iba allí como preso sino como huésped, la idea de encontrarme tras esas terribles murallas aunque solo fuera un momento, hundía mi espíritu. La Penitenciaría Federal de la Isla MacNeil, cerrada ya, me recordaba en aquel momento no tanto a Alcatraz sino al Chateau D'If, en cuyas mazmorras estuvo confinado el conde de Monte Cristo durante años. Tuve la fantasía pesimista de que como él, solo podría salir de allí en un saco para cadáveres, pero en mi caso sin duda sin un fortuito rescate.

Mis compañeros de viaje eran varios ancianos y hombres de la medicina de diversas naciones nativas que, como yo, habían sido invitados la semana anterior a participar en una reunión espiritual en Snoqualmie Falls (Cataratas de Snoqualmie), Washington. Se nos había dicho que parte de la aportación y los fondos para la reunión habían sido proporcionados por un grupo de MacNeil Island que se denominaba a sí mismo Hermandad de los Indios Americanos, y nosotros íbamos a agradecérselo personalmente y a informarles del evento.

Tras desembarcar y atravesar numerosas rechinantes cancelas de acero, llegamos a un largo corredor, en el que nuestros pasos sonaban y retumbaban en el suelo y paredes de cemento, con lo que mí moral decayó aún más. ¿Cómo podría una sola chispa de humanidad sobrevivir en semejante sitio?.

Luego lo oí. Al final del corredor se abrió una puerta a mano izquierda, y de ella salió un sonido retumbante que apagó el ruido seco de nuestras pisadas. ¡Un tambor! Un gran tambor indio con muchos hombres que lo batían al unísono. Y luego las voces de muchos hombres que cantaban una canción de bienvenida.

Eran voces sonoras, claras y llenas de unísona fuerza, un viejo sonido familiar que podría oirse en todo momento en cualquier Poblado Indio. La antigua expresión "mi corazón se alzó como el águila" nunca fue más cierta. Lágrimas de alegría luchaban con otras de rabia dentro de mí, y tuve que esforzarme por mantener la compostura cuando entramos en

126

una amplia sala con unos cincuenta presos cantando. Era el grupo de Alcohólicos Anónimos de los nativos que se habían organizado como "Hermandad de los Indios Americanos".

Tras otra canción de bienvenida como visitantes ancianos se nos pidió dirigirnos al grupo. Les dijimos que deseábamos felicitarles por haber hecho posible nuestro encuentro con tantos Nativos de diferentes naciones y compartir ideas y actos espirituales. Y también que habíamos rezado por ellos y sus familias en las saunas y círculos sagrados. Luego nos mezclamos y charlamos con esos hombres, vi que eran Indios normales, el tipo de Indio que puede encontrarse en cualquier comunidad nativa de Norteamérica.

Por tratarse de una institución federal había muchos hombres nativos de toda América, de muy distintas tribus. Son los tribunales federales los que juzgan a los Indios por los delitos cometidos en las reservas, y es triste que el gobierno desplace a los presos Indios lejos de sus comunidades, en donde resulta imposible que sus familias los visiten. Muchos me contaron su historia personal. Eran hombres nativos buenos, afectuosos, pero todos ellos habían sido presa del veneno mortal de los blancos: el alcohol, y bajo su influencia habían cometido delitos por los que ahora languidecían lejos de sus casas.

Se mostraron muy contentos con nuestra llegada. Y yo también me alegré de que el destino me hubiera llevado allí para conocerlos. Eran hombres sencillos, sinceros, directos, hombres realistas, compasivos y alegres, que querían lo mejor para sus familias y para los suyos, pero que no estaban preparados para los embites contra su cultura a la que se ha robado la tierra y los recursos, ni para el desempleo y la plaga del alcoholismo. No pedían piedad ni ninguna consideración especial. Sabían que habían echado a perder sus vidas y no buscaban culpar a los demás por ello. Lo único que les interesaba era recuperarse y encontrar el buen camino. Era esto por lo que se acercaban a los ancianos tradicionales y a los hombres de la medicina.

Esta experiencia produjo en mí un profundo efecto. Me afectó en lo más hondo de mi ser. Cuando llegó la hora de irnos sentí abandonarlos en ese lugar terrible. Cuando nuestra embarcación rompía las olas durante el regreso no podía soportar mirar atrás a la lejana cárcel, vil y repulsivo monumento al fracaso de la Gran Sociedad Americana. Con el libre jugar del viento en mis cabellos y mi cabeza y con el roce de las caprichosas salpicaduras en mi cara se despertaban mis pensamientos, pensé en aquellos hombres y en su condición. Comprendí que había miles como ellos, enterrados en mazmorras de vergüenza en todo el continente. Como casi todo el mundo, yo no desconocía ese hecho, pero no lo comprendí realmente hasta que estuve frente a esos hombres. Ya no eran mera estadística, eran personas de verdad, tan reales para mí como mis propios allegados, y yo había dejado que permanecieran escondidos bajo la alfombra y fuera de mi conciencia. No era mi problema.

Esta es la razón por la que la gente paga dinero para que se cumpla la ley, para que haya un sistema judicial y correccional, que se responsabilice de ellos y no haya que pensar más. (Esa misma filosofía, con la basura, nos ha proporcionado el agua subterránea más contaminada de toda la historia conocida. Lo que se va, vuelve).

Ya no podía seguir enterrándolos ni alejarlos de mi mente. Eran hermanos míos. Habían cometido errores, infringido la ley, pero ¿en qué se diferenciaban de mí?. Ciertamente he cometido muchísimos errores en mi vida, y no puedo presumir de no haber infringido nunca la ley. No podía olvidar la letra de la canción de Phil Ochs:

Muéstrame una cárcel, enséñame una prisión,
Muéstrame un preso cuya piel palidece
Y yo te mostraré un hombre joven
y muchos motivos por los que
es cosa de suerte el que allí vayas tú o vaya yo

Pero el destino podría haber hecho que uno de esos presos estuviera donde yo estoy y yo condenado al olvido en aquellos oscuros y odiosos muros. También era consciente de que en esa prisión y en las prisiones de todo el mundo hay pocos o ningún hombre rico. Incluso los casos más llamativos, como el de O. J. Simpson, pueden amañarse y apañarse por quienes pueden procurarse un "equipo de ensueño". La miseria y los defensores de oficio abren caminos fáciles y directos a la cárcel. Roba unos cuantos dólares en una tienda y te encierran un tiempo, cometen fraude los millonarios de Wall Street y pueden vivir por lo alto en Monte Carlo.

También supe que en todo esto había mucho más que opresión económica. Mucha gente modesta logra llevar una vida honesta, son decentes, generosos, caritativos, y muchos han logrado salir del ghetto y alcanzar cierto acomodo material. En casi todos estos presos había otras razones además de la falta de formación y de un buen abogado para verse entre rejas. Había, sin embargo, no pocos, suficientemente escolarizados y razonablemente solventes, que habían arruinado sus vidas y las de otros con ruinosas adicciones.

Fue entonces cuando pensé que hace cuatrocientos años no había cárceles en Norte América. Tampoco había policía, ni tribunales, ni jueces, ni abogados, ni leyes, ni estatutos. De hecho no hacían ninguna falta estos sistemas complicados, caros y totalmente inútiles porque no había delincuentes. No quiero decir que no hubiera malhechores, agresores al bienestar de la comunidad e infractores del orden público. Los humanos son imperfectos en todas las culturas.

Pero el delito no abundaba en este continente como sucedía en todas partes. No había nadie cuya forma de vida buscara dañar y arrebatar desvalijando casas, salteando caminos, extorsionando, chantajeando, cometiendo fraude, traicionando, atracando, y haciendo daño por causa del alcohol o las drogas. La violación y los delitos sexuales eran casi desconocidos en nuestras antiguas comunidades. Solo tras la invasión europea se importaron a este continente el delito y sus secuelas: policía, abogados y cárceles.

 Pude comprobar que hasta cierto punto, aunque se culpaban a sí mismos, estos presos no entendían del todo qué hubo de malo en sus vidas ni por qué se encontraban ahora en aquellas terribles circunstancias. Y comprendí que, incluso en tales casos, la culpa no era de nadie. Eran víctimas de la sociedad, de las instituciones sociales, como lo eran también quienes les habían maltratado o traicionado, los maliciosos fiscales y los incompetentes abogados. Pero la sociedad purgaba sus pecados mediante estos hombres. Los entregaba a instituciones que eran incluso peores que las de la sociedad "libre". Y luego les volvía la espalda. Estos buenos hombres nativos habían sido abandonados y olvidados por el mundo.

Entonces comenzó mi dedicación a los presos, en 1974. Fue a causa de la Hermandad de los Indios Americanos, al patrocinar aquel encuentro espiritual y al darme una visión interna de la verdadera naturaleza de la justicia y del sistema correccional americano, y yo les estaré eternamente agradecido, me impresionó tanto su humanidad y devoción a su cultura en situación tan inhumana, que decidí buscar la oportunidad de acercarme a las prisiones siempre que pudiera. Todo esto me embarcó en el viaje más importante de mi vida.

Durante años estuve visitando grupos de presos mientras viajaba por Norte América, siempre que se presentaba la oportunidad. En 1976, cuando trabajaba en el *Akwesasne Notes*, el reconocido diario internacional para nativos e indígenas que publica la Nación Mohawk en Roosevelton, NY, recibí una carta de un hombre preso en el Estado de Nueva York. Su nombre era Elmer, y él era Mohawk. Llevaba en la cárcel 37 de sus 54 años. La primera vez que entró en ella, siendo joven, fue por una reyerta en un bar, que él no había iniciado, pero que ciertamente sí terminó.

No había cometido daños graves, pero sufrió arresto menor, por no tener dinero para pagar un abogado y aceptar la fácil disposición del fiscal público de llegar a una avenencia. Poco después de salir, fue con un amigo a una tienda a comprar cerveza. Esperó en el coche mientras el amigo entraba en la tienda. Oyó un disparo, y el amigo volvió corriendo con un paquete de seis cervezas y arrancó el coche. Poco después los detuvieron y los llevaron a juicio. El propietario del establecimiento había muerto y Elmer y su amigo fueron acusados de asesinato, aunque Elmer no sabía siquiera que su amigo iba a cometer un robo a mano armada ni que tenía un arma.

Ahora, 35 años después, Elmer podía salir en libertad condicional, pero no tenía familia, ni trabajo, ni sitio a donde ir. Me puse en contacto con el tribunal de condicionales y les dije que Elmer podía tener un empleo con nosotros y vivir y trabajar en la montaña en nuestra sede del periódico en Owl's Head. Elmer resultó ser una delicia. Tras pasar dos tercios de su vida, toda su vida adulta, entre los muros de la cárcel, disfrutaba de su libertad de un modo agradable para todos.

Se levantaba temprano y saludaba a los árboles, a los pájaros y demás criaturas y se ponía a trabajar con alegría, cortaba, partía y amontonaba la leña, reparaba y restauraba máquinas y casas, llevaba las provisiones a lo largo de milla y media de cuesta por el bosque hasta nuestro retiro en la montaña. Era tan amable, tan jovial, leal y afectuoso, tan buen amigo, un ser humano tan dulce, como el alegre tío favorito de cualquiera. Era duro y penoso imaginar su resplandor enterrado durante tantos años tras los muros de Dannemora. ¡Qué desperdicio de un hombre tan válido, trabajador, querido y amable!

Y por lo que contó, pude ver que su caso no era único. La estampa que vi en MacNeil Island quedó de nuevo corroborada. En todas las cárceles había hombres buenos, no necesariamente criminales (sea lo que sea eso), sino hombres afectuosos, generosos, dedicados a sus familias y a

130

los suyos, que, obcecados por el alcohol han hecho cosas, o han sido arrastrados a hacerlas, por las que ahora pagaban con largos años de su vida productiva. En 1977, menos de un año después de salir de la cárcel, mientras partía una pila de leña le dio un ataque al corazón y murió. Cuanto agradecimos el que hubiera logrado la libertad y pudiera morir en los brazos de quienes amaba, una familia que le quería. De nuevo me prometí que buscaría a otros Elmers que pudieran estar enterrados en el sistema carcelario, y les ayudaría a vivir.

En 1983, mi colega y amigo Slow Turtle John Peters, inició un programa estable en una cárcel de máxima seguridad de Connecticut, y poco después me pidió que me uniera al proyecto. En estos momentos tenemos programas estables en ocho prisiones estatales de Nueva Inglaterra. Todos han resultado eficaces, y su grado de eficacia depende del tiempo y el apoyo que la administración presta al programa. También mantengo contactos con algunos miembros de nuestros círculos de carcelarios ya en libertad, y mensualmente organizo círculos y saunas en nuestro lugar de New Hampshire en donde pueden seguir ligados a un círculo. Y he aquí mi deseo de mostrar a su consideración los resultados de nuestro trabajo hasta el presente y compartir lo que he aprendido con usted y con el mundo.

He aprendido mucho. Las personas que dirigen el sistema correccional carecen de recursos para rehabilitar a los presos, para ayudarles a cambiar de vida, de forma que cuando los presos salen de la cárcel caen de nuevo en la misma vida, y son detenidos y devueltos a la prisión. Es justo una puerta giratoria, como ellos dicen.

También he visto que se puede sensibilizar a la mayoría de estos presos, si no a todos, que se les puede ayudar a reconstruir sus vidas e integrarlos como miembros válidos de sus comunidades y de la sociedad, y que este proceso no requiere mucho dinero, solo mucha dedicación. Es algo que he aprendido a hacer y a enseñar, y por tanto puede ampliarse y llevarse a cualquier parte.

(También debo decir aquí que, aunque la mayoría de estos presos admitieron su culpabilidad, muchos sostienen aun su inocencia y carecen de dinero para demostrarlo, y he visto muchas de estas acusaciones que estoy seguro eran erróneas).

Por todo esto he tenido mi propia visión, que quiero compartir y realizar. La visión de que son quienes han sido dañados y heridos por esta sociedad violenta y dañina, los que deben iniciar una nueva transformación de esa sociedad en otra de paz y afecto. De la propia enfermedad de la civilización debe venir su curación. Los ex-convictos, que han vivido en el vientre de la bestia, que han sobrevivido a los mayores abusos y humillaciones, que se han curado de sus propias heridas y han aumentado su compasión y entendimiento, son los que pueden tener la más clara visión de los problemas y sus soluciones.

Siendo testigo de la transformación de estos presos me llegó la visión y la esperanza, y a todos ellos, y especialmente a la Hermandad de los Indios Americanos, la primera que me inspiró, dedico este trabajo.

CAPÍTULO 1. Una nueva categoría.

[La siguiente sección comienza describiendo la diferencia entre la visión compartimentada cartesiano/newtoniana del mundo, muy común en nuestra cultura, y la Teoría de sistemas de los pueblos indígenas].

La visión del mundo de los pueblos nativos es muy diferente de la que se tiene en la mayor parte de la cultura dominante, sobre todo en lo que respecta a gobierno y burocracia. Antes de proseguir en la descripción de los programas introducidos con el Proyecto para las Cárceles, conviene señalar una diferencia muy particular. En los sistemas correccionales todo debe tener una categoría, debe encajar en una categoría reconocida por la administración.

Esto es necesario para que exista una oficina y una persona responsable que supervise el proyecto. Por ello un programa para internos debe encajar bajo alguna rúbrica, por ejemplo, religión, en cuyo caso estará bajo la jurisdicción del capellán del establecimiento, o educación, bajo la jurisdicción del programa educacional de la prisión, o cultura, con lo que estará bajo la competencia del director de actividades recreativas o de programa, o terapia, con lo que será del dominio del director asistencial, o salud mental, bajo la dirección del departamento médico.

Todos estos departamentos tienen directrices y normas diferentes que deben respetar todos los programas que tengan encomendados. Por ejemplo, en las dos cárceles que atendemos, nuestro programa se considera cultural, y bajo tales directrices los hombres pueden reunirse sin que se les dirija desde fuera. En otras instituciones el programa está a cargo de la sección religiosa, y debe estar presente un moderador externo para que pueda reunirse el círculo.

También existen otras variantes. En dos prisiones, que tienen vigilantes durante las saunas, los hombres pueden prepararlas sin la presencia de ancianos nativos, y en las otras dos, en las que también tenemos saunas, los presos no pueden organizarlas sin nosotros, aunque disponen de vigilantes. Cada prisión tiene sus propias normas respecto a los programas, además de las directrices generales impuestas por los departamentos correccionales estatales o por el Departamento Federal de Justicia.

El dilema que se nos presenta es que nosotros no consideramos tales categorías, y nuestros procedimientos no se adaptan bien a ninguna de ellas. Y esta es una de las principales razones de la eficacia de nuestros programas. No actuamos solo sobre una parte de la persona, tratando de enseñarle una habilidad, o de sanar su alma, ni de explorar tradiciones culturales, o compartir problemas y expresar sentimientos. Nos interesa actuar sobre el conjunto de la persona, prestando atención a todos los aspectos del ser humano, y ayudando a la persona a dar un giro a su vida para que se haga de nuevo un ser humano pleno. Por tanto no nos es fácil constreñirnos a las limitaciones de las categorías institucionales.

Hemos visto prisiones que no permitían el acceso al anciano, al hombre de la medicina ni al director espiritual, ni realizar los ritos sagrados. Beach Tree Medicine Society, la organización que nos patrocinó en un principio, pudo convencer al gobernador y al fiscal general del estado de que debía permitirse a nuestros representantes espirituales acercarse a nuestros colectivos en las cárceles. Todo empezó a petición de un hombre nativo de la entonces prisión de máxima seguridad de Somers, CT, y por ello nuestro primer círculo se celebró allí. Lo dirigió Slow Turtle, supremo hombre de la medicina de la Nación Wampanoag, con la colaboración de gkesedtanamoogk, hombre de la medicina de Mashpee Wampanoag, y de Ed Sarabia, Tlingit y Director de Asuntos Indios del Estado de Connecticut. Por tanto allí se considera nuestro programa religioso, y cae bajo la supervisión del capellán.

Todo ello da lugar a malentendidos en muchas administraciones, en los capellanes y en hombres que no participan en el programa. Hacemos hincapié en que no somos una religión. Carecemos de credos, dogmas, sagradas escrituras, templos y jerarquía sacerdotal, y todo el mundo es libre de establecer su propia relación con lo Divino. Decimos que no somos religión sino senda espiritual. Seguimos esta senda mediante la relación directa con la naturaleza y con cada uno en el círculo. No somos ni religión ni antirreligión. Alentamos el desarrollo espiritual y la búsqueda del gran misterio que existe más allá de nuestra consciencia y con el que debemos establecer relación, ya que el ser humano pleno tiene que ser consciente más allá de sí mismo.

Recordamos a todos en el círculo que la religión es asunto de la conciencia privada de cada uno, y que nosotros respetamos la religión de todos. Así se da el caso de que en nuestros círculos algunos mantienen su propia relación con la Creación y el Creador, otros son miembros   de   religiones establecidas, y también los hay ateos y agnósticos. No preguntamos la religión, pero muchos nos la dicen, y se manifiestan orgullosos de ser Católicos o Baptistas, Musulmanes o Judíos, o seguidores de alguna mística oriental e incluso algunos se confiesan Paganos religiosos. Ni ellos ni los ancianos nativos vemos conflicto entre sus religiones y el funcionamiento del círculo. Podrá comprenderse la razón de esto en el próximo capítulo sobre el círculo. Nuestros nativos se alegran, sin embargo, cuando nuestros hombres de la medicina y nuestros ancianos son recibidos con la misma consideración que los capellanes de otras tradiciones.

En Massachusetts consideran al círculo como un grupo cultural, lo que es bueno, porque así pueden reunirse los círculos, incluso si yo no puedo ir. Por supuesto los hombres se alegran cuando asisto, por lo que procuro hacerlo al menos una o dos veces al mes. Todos necesitamos del contacto con nuestros ancianos. Cuando yo era joven acudía a menudo a los ancianos para escucharlos.

Ahora que casi todos han desaparecido y yo ya soy anciano, siento necesidad de acercarme a quienes no pueden venir a mí, a nuestros semejantes olvidados en las prisiones. El inconveniente que hemos tenido en algunas prisiones ha sido que la administración se preocupaba en exceso de que todos los participantes fueran auténticos nativo americanos. Querían alguna certificación, como el número de identificación tribal. Ese no es nuestro camino.

Asimismo, yo, como anciano, no tengo interés en enseñar a los demás las características específicas de mi cultura, aunque lo hago con mi propia gente. Pero cuando nuestras numerosas naciones, culturas y credos se reúnen, lo que me preocupa es lo que tenemos en común. Tenemos en común la raza, la raza humana, y como raza nos hacemos cosas terribles unos a otros y a la propia Tierra, nuestra madre, y a otras formas de vida, nuestros parientes.

Necesitamos explorar más allá de nuestras culturas, más allá de nuestras religiones, más allá de nuestros conocimientos científicos y académicos. Necesitamos indagar en lo hondo de nuestros corazones y espíritus, como seres humanos y curarnos de nuestra terrible enfermedad, nuestra violencia, nuestra codicia, nuestro odio, nuestro egoísmo, nuestra falta de respeto y de atención a los demás. Estas cuestiones son importantes para todos, para los presos tanto como para los demás. Tenerlos en cuenta es el principio de la curación.

Cuando al iniciar un círculo el alcaide de Somers preguntó a Slow Turtle cómo sabía quien era indio, Slow Turtle dijo que el círculo está abierto a todos los que acudan a él con respeto por cualquier motivo o interés. Dijo que no es cosa nuestra el discriminar por raza, credo, sexo o nacionalidad, ni de otra forma. Estaba seguro de que no se pedía a los Judíos demostración alguna de haber nacido judíos y estaba seguro de que ellos acogen con agrado a quien esté interesado, y lo mismo sucede con los demás colectivos.

Así es que tenemos personas de muy distintas procedencias en nuestros círculos. Solo algunos han nacido y se han criado en una comunidad nativa. Muchos otros son conscientes de que tienen parte de sangre india, al menos por una rama de su familia, y, aunque desconocen en gran parte sus orígenes, desean aprender. Los hay que no tienen sangre nativa y están orgullosos de su origen irlandés, italiano o polaco, o mixto, pero se identifican fuertemente con nuestros métodos naturales y espirituales y con nuestra proximidad a la Madre Tierra, y se sienten en el círculo como en su casa. Esto está de acuerdo con lo que nos enseñaron nuestros ancianos, que los nuestros no son métodos "indios", son métodos de seres humanos.

El presente texto pretende dar a conocer al público en general este método satisfactorio de trabajar con presos. Espero que cuando un número suficiente de personas conozca nuestro programa, habrá quien quiera aplicarlo, crear organismos para difundirlo, formar grupos de trabajo y llevarlo más allá de las prisiones, incluso a las comunidades.

También me gustaría añadir aquí que actualmente existe otro excelente programa para presos. Se trata del Alternatives to Violence Program (Programa Alternativo contra la Violencia, AVP) que realiza como un programa de voluntariado la Society of Friends (Quakers) (Sociedad de la Amistad, Cuáqueros). Los criterios básicos sobre el ser humano y la forma de trabajar y actuar con los presos, facilitándoles información, oportunidades y seguridad para que manifiesten sus sentimientos y prueben nuevas formas de afrontar conflictos y emociones, se asemejan mucho a nuestros planteamientos. Por lo que yo sé, el AVP funciona muy bien.

Los hombres de nuestros círculos hablan muy bien de sus experiencias con el AVP y las comparan con las de nuestros círculos. La diferencia principal estriba en que el AVP es un taller que tiene lugar un día o un fin de semana, y puede repetirse luego para mayor profundización, pero el círculo es un programa semanal permanente en el que se participa durante meses y años. Naturalmente me gustaría que también se apoye al AVP, y que dispusiera de personal y fondos para hacerlo permanente y que en él participen los presos de todas las cárceles mensualmente, sino semanalmente.

Comprendo que al escribir he utilizado los términos "hombres" y "presos" indistintamente. También hemos presentado programas en cárceles de mujeres en el pasado, pero no tenemos ninguno en este momento. Un estado autorizó que en una cárcel de mujeres entraran nuestras mujeres para hacer una única presentación, pero no se permitió iniciar un programa continuo. En otro estado mantuvimos un círculo en la cárcel de mujeres durante casi un año. Se interrumpió cuando la administración impidió el acceso a una de nuestras ancianas.

Nuestra experiencia es que, en general, las mujeres están poco tiempo en las cárceles, y los círculos no duran lo suficiente como para establecer vínculos estrechos entre ellas. En los círculos había camarillas y parejas que evitaban acercarse a las demás, y una auténtica "solitaria" condenada a cadena perpetua. Las mujeres apreciaban los círculos, pero su composición cambiaba tanto, que eran pocas las que sacaban provecho de ellos, por lo que decidimos que no era rentable luchar con la administración. Mantenemos contacto por correo con algunas mujeres encarceladas.

Sigo creyendo que si el círculo contara realmente con el apoyo de la cárcel, podríamos conseguir un buen programa para mujeres. Pero el hecho es que en las cárceles hay pocas mujeres en relación con los hombres. La mayoría están en la cárcel por culpa de los hombres, por colaborar con sus amantes en actividades ilegales de drogas y robos, por haber caído en la prostitución y, en muchos casos, por no tener un abogado capaz de convencer al jurado de que matar o herir al hombre que ha abusado de ellas es defensa propia. Con mucho, la mayor de parte de la violencia en el mundo la perpetran los hombres, y si pudiéramos resolver el problema de la violencia en los hombres, no creo que tuviéramos ese problema con las mujeres.

Por el hecho de que en nuestro programa haya muchos hombres de diferentes culturas, a veces incluso de África y el Oriente Próximo al igual que de Europa y Latinoamérica, estoy convencido de que este programa puede funcionar en cualquier país y con personas de toda condición social. Nuestra meta es ir más allá de los condicionantes culturales y de la historia del país de cada uno, llegar a la esencia de lo que es el ser humano, de lo que supone estar vivo en la tierra en estos momentos.

Nuestros métodos se basan en ideas muy antiguas y en ritos muy comunes entre las personas hace ya mucho tiempo.

Hemos desarrollado este método en las prisiones teniendo en cuenta el pasado y las necesidades de los presos, permitiéndoles aprender y madurar, sanar su alma y controlar los sentimientos, pensamientos y acciones. Los sentimientos humanos son sentimientos humanos, y todos los seres humanos somos más iguales que diferentes cuando logramos superar nuestras superficiales diferencias culturales.

La diversidad de razas, credos y rasgos étnicos de las personas de nuestros círculos me demuestran que nuestro método vale para todos los seres humanos, y que puede aplicarse a cualquier preso, de cualquier cárcel del mundo. Mi trabajo fuera de las cárceles con personas de muchas culturas de todo el mundo, me demuestra también que este método es el mejor recurso para ayudar a nuestra juventud actual y para combatir el delito en la sociedad.

Quizá necesitemos pensar en una nueva categoría para que nuestras burocracias puedan tratar este tema. Quizá pudiera llamarse "La Persona Integral" o "El Ser Humano".

CAPITULO 2. El Círculo.

El elemento básico de los programas que hemos estado aplicando en Nueva Inglaterra desde 1983 ha sido el círculo. Hemos mantenido otros dos programas en funcionamiento, uno de asesoramiento y el otro de sauna, de los que hablaré en los capítulos siguientes. En ellos describiré cómo funcionan y en otro capítulo indicaré mis propias reflexiones sobre las razones básicas por las que funcionan tan bien y su base en una teoría de realidad y de naturaleza humana. Mientras lo lee le pediré que evite cualquier juicio u opinión que pueda venirle, e incluso evite hacerse preguntas sobre los programas, por el momento. Si no comprende o está en desacuerdo con algo, limítese a pensar que es un programa válido allá donde otros no lo son y que, por lo tanto, debe contener algo de lo que podemos aprender.

Por favor, no permita que le invada el desánimo por el hecho de que sea un programa preparado por ancianos nativos indios de Norte América. Pues si el programa funciona con personas de todas las extracciones sociales, como así sucede, sus elementos esenciales podrán adaptarse a la cultura de cualquier grupo y ser igualmente eficaz.

Al principio los ancianos y los presos se juntan en un círculo. Frecuentemente se hace algo simbólico, se queman hierbas aromáticas, de cedro o salvia, para limpiar el aire y las mentes y recordarnos con su aroma que comienza un acto especial de carácter sagrado. El humo abre una puerta, un camino para dejar el mundo de la vida en prisión y penetrar en el mundo del círculo. Entonces se cogen de las manos y un anciano ofrece una invocación de gracias con el siguiente contenido:

"Mire a todos los del círculo, déles la bienvenida con los ojos y hágales una inclinación de cabeza para agradecer el que hayan venido esta noche a celebrar este buen círculo. Luego, cuando hayamos visto quienes somos, podremos unir nuestras mentes. Hagamos a continuación un saludo colectivo a nuestra madre. Nuestra madre común, la Tierra, nos dio nuestros cuerpos, vienen de ella, no de otro planeta, y algún día, cuando ya se encuentren desgastados, se los devolveremos para que los transforme en nueva vida.

Durante el tiempo que hacemos uso de nuestro cuerpo, ella nos cuida con delicadeza, dándonos lo preciso para la vida: nuestro alimento, nuestro vestido y cobijo, y combustible para calentarnos, y medicinas para sanarnos. Por ello es una buena madre, muy generosa, y debemos acordarnos siempre que comenzamos algo, como este círculo, de expresarle nuestro agradecimiento por tantas bendiciones".

"Saludemos también a todos sus hijos, a la gran familia de la Madre Tierra, a los que hunden sus raíces en su interior, a quienes se desplazan bajo su piel, a los que caminan sobre ella como nosotros, a los que nadan en sus aguas y a los que vuelan por sus aires. Si todos tenemos una misma madre, todos ellos son nuestros parientes, todos constituimos una gran familia. Cada uno tiene dones distintos que aportar al tejido de la vida, y ese tejido depende de todos esos dones. Transmitamos, por tanto, nuestro agradecimiento a nuestros parientes de toda la tierra".

"Llevemos ahora nuestras mentes más allá de la tierra, y veremos que es solo un pequeño mundo en el vasto universo del espacio, y aunque no sepamos qué hay allá fuera, se nos dice que es muy grande, mayor de lo que nuestras mentes pueden imaginar, y, al parecer, podemos tener parientes en muchos mundos alejados. Si las leyes de la Creación son válidas para todo el universo, podemos pensar que cualquiera que esté en él contribuye al conjunto, y por ello enviamos nuestro saludo y nuestro agradecimiento a todos nuestros parientes de cualquier lugar del universo".

"Finalmente, dando otro paso con nuestra mente, saludemos al gran Misterio que yace tras todo esto. No sabemos cuál es, ni por qué, ni como. Podemos emplear distintas palabras para lo que creemos que es ese Poder, unos dicen Dios o Alá, o, en mi idioma, Kiehtan, o podemos decir que no lo entendemos y que no tenemos un concepto ni usamos ninguna palabra. No hace falta insistir en nuestras diferentes ideas, podemos respetar las de los demás sin razonamientos. Hay algo en lo que todos estamos de acuerdo.

Todos vemos que esta Creación existe, y que nos encontramos en ella, y estamos satisfechos por ello. Estar vivos, ser conscientes de estar vivos, poder apreciar las maravillas de esta Creación, saber algo nuevo sobre ella cada día, percibir la belleza, sentir el amor y la alegría de tener vida, son milagros tan grandes que nunca podremos agradecer suficientemente. Finalmente juntemos nuestras mentes una vez más y enviemos nuestro saludo y nuestro agradecimiento al Creador".

Con palabras como estas recordamos que todos somos parientes en el círculo, y que somos parientes de todo lo que existe en la Creación, y que existen excelencias, maravillas y misterios que superan nuestro entendimiento.　　Cuando　　nos sentamos nos sentimos más cerca que antes, y este es un sentimiento bueno, un sentimiento humano.

A continuación un anciano toma la vara de hablar (nota del editor: en el círculo solo puede hablar el que tiene la "vara de hablar", lo que significa que no hay interrupciones, y es más fácil escuchar y manifestar respeto) y comienza a hablar. Al principio explica las bases de cómo funciona el círculo. Nuestros ancianos nos han transmitido, y en ello todos estamos de acuerdo en Norteamérica, que el aspecto esencial, la enseñanza básica, el requerimiento primero del círculo, es el respeto.

Si todos recordamos y respetamos esta enseñanza, nuestro círculo será bueno. A veces hay círculos, puede que haya estado en alguno, en los que los participantes no son conscientes ni cuidan el respeto, y generalmente fracasan y acaban en conflicto. Se nos dice que nuestros círculos serán siempre buenos, una enseñanza y una cura para nosotros, si nos atenemos estrictamente al concepto de respeto.

Se va pasando la vara y quien la tiene puede hablar el tiempo que necesite y quiera. Todos los demás deben escucharle prestándole atención y respeto. Nadie puede interrumpirle, ni nadie puede discutir con quien ya habló antes, ni con nadie faltándole al respeto. No hay por qué estar de acuerdo con alguien para respetarle. Se le respeta escuchándole y teniendo la mente abierta para oír sus palabras y sentir su corazón y lo que hay detrás de sus palabras.

Es bueno tener opiniones distintas, pero ahora uno está escuchando lo que piensa y siente otra persona, y eso es una expansión de su sabiduría y de su mundo. Ayuda a entender a otra persona, a entendernos todos mejor. Y si el que habla recuerda que también hay que respetar al resto del círculo, no hablará sino lo preciso, porque querrá oír a los demás y dar a cada uno la oportunidad de ser escuchado.

Los ancianos animan a los demás a ser honestos. No tiene sentido perder el poco y precioso tiempo disponible para estar juntos con otra cosa que no sea la verdad. Si alguien no es honesto consigo mismo, saldrá a la luz y se notará, incluso por él. En uno de estos círculos quien no sea honesto se sentirá muy pronto como un extraño y sentirá la necesidad de ser "sincero" y miembro pleno del círculo.

Y eso es lo que realmente pasa. Es muy simple pero muy profundo, y sus efectos muy poderosos. Los ancianos que llegan a una cárcel acumulan toda una vida de experiencia y de enseñanzas de sus predecesores, lo que constituye un gran don para quienes les escuchan con respeto.

Casi siempre el tema con el que los ancianos inician el círculo motiva a su vez a los demás a descubrir sus propios pensamientos y sentimientos sobre él. Ello parece muy apropiado, pues les proporciona la oportunidad de meditar sobre sus vidas, sus esperanzas, deseos y temores, y de reconsiderar sus creencias comparándolas con las de los ancianos y otros presos.

También suceden cosas importantes cuando los presos comentan sus propias preocupaciones inmediatas. Aquí es donde resulta crucial la norma del respeto. A muchos de estos hombres nunca se les escuchó con respeto en su vida. Muy pocos tienen la experiencia de que se les haya mostrado alguna forma de respeto. Por tanto para ellos sostener la vara de hablar y sentir esa atención respetuosa y confortadora, constituye una experiencia altamente poderosa y liberadora.

Una parte de ese respeto, que debe ser firmemente entendida y aceptada, es que lo dicho en el círculo debe considerarse confidencial. *"Lo que se dice en el círculo, queda en el círculo"*, se recuerdan unos a otros, y tales normas de respeto y confidencialidad deben repetirse siempre que llegue alguien nuevo al círculo. Ello ofrece seguridad a los participantes para revelar cosas que no osarían decir fuera del círculo por no sentirse seguros.

Nunca se permite la entrada a estos círculos al personal administrativo y disciplinario, excepto por invitación unánime de los presentes. En un par de casos, en dos cárceles, los participantes se sentían suficientemente satisfechos con algún consejero o capellán en particular, y les permitieron participar, pues sabían que los apoyaban y que respetarían su confidencialidad.

En la sociedad normal son pocos los que se sienten suficientemente seguros como para ser completamente ellos mismos. Casi todos ocultan algo de sí mismos, algo que creen que no será plenamente aceptado. La mayoría nos hemos fabricado una máscara, una "persona", que nos protege como un escudo contra las opiniones de los demás. Son pocos, si es que hay alguien, con quienes nos sentimos suficientemente seguros como para quitarnos la máscara y revelar nuestro verdadero yo. Sabemos que en público escondemos parte de nosotros y representamos un papel que no es del todo auténtico. Eso pasa más en la vida de los convictos, que tienen que construirse una "persona" para con sus familiares, otra para la calle, otra para con los tribunales y funcionarios, y otra para con la gente de la prisión.

Así, en el círculo se considera a todos como iguales, importantes y especiales, buenas y maravillosas personas a las que han pasado cosas horribles que las han hecho esconderse tras pesadas armaduras y paredes aislantes. En el círculo se muestra respeto y seguridad a todos, para que puedan asomarse un poquito tras la armadura y las paredes. Se presta total atención a quien sostiene la vara de hablar, ese es su tiempo para que lo utilice como él decida. Nadie le interrumpirá ni le contradirá, solo se procurará entenderle y apoyarle.

Poco a poco, tras semanas y meses, como a todos se les recibe y se les escucha con respeto, comienzan a sentirse suficientemente seguros para contar cosas de las que no pueden hablar con el resto de la población de la prisión, ni con los consejeros de la cárcel, ni con los miembros de su familia, ni siquiera con los compañeros de celda. Y cuando oyen a otros expresar sentimientos difíciles empiezan a adquirir valor para abrirse más.

Estos círculos consiguen cambios más profundos en los participantes que cualquier otro programa visto por mí. Les enseñan habilidades, como lo harían los cursos educativos. Les proporcionan una forma totalmente nueva de verse a sí mismos y de relacionarse con los demás, como sucede con los grupos terapéuticos. Dan una visión espiritual más amplia de la existencia y del lugar que ocupan en ella. También dan una comprensión real de la política de opresión y una vía para lograr su liberación.

Una semana, un componente del círculo parecía algo retraído. Su máscara se iba haciendo más delgada. Sus amigos lo notan y le animan a que hable. Cuenta que su abuela se está muriendo. Siente una gran pena porque no puede ir a verla, y ella era la única persona que siempre se preocupó por él. Ahora no puede contener las lágrimas que se han ido acumulando en sus ojos, y corren por su cara mientras habla hasta que ya no puede más.

No podía manifestar su pena en los fríos pasillos de la prisión, pero aquí, entre quienes le han manifestado respeto y aceptación suficiente, ha sentido seguridad suficiente como para permitirse dar la liberación precisa a su pena. En vez de la indiferencia, la perplejidad o la mofa que imagina que los demás van a exteriorizar, los componentes del círculo se le acercan, le rodean con sus brazos y le ofrecen confort y comprensión. Ello es contagioso. Todos han sentido una pena así, y todos han tenido que esconder sus sentimientos. Cuando se pasan la vara, otros que se han visto afectados abren sus corazones, se abren las viejas heridas y fluyen las lágrimas que los curan. Al final del círculo los lazos se han fortalecido, aumentó la comprensión, hay más seguridad y confianza, y el círculo es más compacto.

La primera vez que un preso acude al círculo constituye una experiencia tan diferente que muchas veces no saca una idea clara de ello. Puede haber oído hablar del círculo a un amigo, o venir sencillamente por curiosidad, o porque era algo distinto que hacer, o una forma de no estar encerrado. Ahora los participantes se cogen de la mano. Eso es cosa rara allí. Los hombres no se cogen de la mano, piensa, ¿qué clase de grupo es éste?. Ahora se pasan una vara, y habla cada uno, y todos los demás están quietos y escuchan. Esto es distinto.

Lo que cuentan esos viejos de la Madre Tierra y de que se tienen parientes en todas partes y que hay que respetar todo porque es sagrado, es pura fantasía. Ahora escucha a los demás, que hablan a veces de la naturaleza, o de animales, eso es distinto, y ahora algunos cuentan sus problemas, hablan de muertes y de divorcios en sus familias y de que no ven a sus hijos. Eso le interesa, pero no está dispuesto a hablar cuando le llegue la vara, se limita a dar las gracias a los ancianos por venir y la pasa al siguiente. Es muy diferente, muy aterrador entrar en él.

Durante las semanas siguientes sigue asistiendo, porque desde luego siente algo cuando está en él. Los veteranos se abrazan entre sí. Empieza a no parecerle tan extraño. Aunque él no ha dicho nada todavía, la gente le aprecia y le abrazan a él también, y eso le gusta. Mientras escucha le vienen más y más sentimientos, piensa más y más en su propia vida y en las cosas que le han pasado, y en su forma de ver el mundo. Luego sin darse cuenta, ve que habla cuando le llega la vara.

Algo le ha rondado en la mente en los últimos días, pero no es algo de lo que se pueda hablar en cualquier parte. Y de repente, se da cuenta que de aquí se está seguro de poder contar tales cosas y las suelta porque necesita decirlas a alguien, necesita que alguien le escuche y le entienda. ¡Y lo hacen!. Los demás sonríen y asienten para animarle. Le aceptan. Forma parte del círculo. De ahora en adelante le será cada vez más fácil hablar de lo que hay en su mente y en su corazón.

De vez en cuando se oye a los hombres contar sus impresiones sobre el círculo, y muchas veces dan justo con el significado y el poder del círculo. Una y otra vez se les oye decir cosas como: *"Les estoy muy agradecido a ustedes los ancianos por venir todas las semanas e impartir el círculo. Lo espero durante toda la semana, porque es el único momento en esta institución, en el que me siento como un ser humano".*

"Es el único lugar que conozco en donde la gente se trata bien, ya saben, con respeto. En la calle, entre la gente, siempre pensé que uno tiene que ganarse el respeto y que no debo darlo mientras no se gane, y no esperaría que se me dé hasta no habérmelo ganado. Pero ustedes, los ancianos, nos dicen que el respeto es algo que debemos manifestar a todos los del círculo, que no hay que ganárselo, que por el hecho de ser humanos, de que estamos aquí, lo merecemos. Es grandioso. Mira lo que sucede. Empezamos a tratarnos unos a otros como seres humanos".

Normalmente, cuando llevan en el círculo suficiente tiempo y saben que es suyo, sus sentimientos se hacen más profundos.

"Ya saben, toda la vida he oído hablar del amor, pero nunca lo encontré. No creía en él. Nunca lo sentí, nunca lo vi en ninguna parte. Ni en mi familia, por llamarla así, ni en la calle. Mucho sexo, pero ¿y el amor?. Una farsa para vender películas y revistas. Eso pensaba yo. Y de repente estoy sentado con todos ustedes y siento un nudo en la garganta. Estos ancianos, algunos recorren cien millas, conducen durante horas, solo para estar con nosotros una vez por semana, ni siquiera lo hace mi madre, y ni siquiera les pagan por ello. Esto me llega. EL AMOR EXISTE. Lo sé porque yo mismo lo siento por primera vez. Os quiero muchachos. Sois mis hermanos. Os conozco y confío en vosotros. Siempre os corresponderé, sé que haréis lo mismo. De verdad".

"Sí, ya saben, esta familia, este círculo es mi familia. ¿Entienden lo que digo?. Yo nunca tuve una familia de verdad. Nadie que siempre esté con uno, todo el tiempo, ya saben. Esto es una familia de verdad, amigos. Como debe ser, sin más".

Aún en las cárceles en las que el círculo es la única parte del programa que llevamos a cabo, éste tiene un poderoso efecto sobre el sentir de los presos, sobre sus deseos y su capacidad para controlar sus actos y afrontar las situaciones estresantes.

Tras varios años en un círculo de la cárcel, los participantes se ven a sí mismos tan cambiados que les resulta difícil creer que alguna vez ellos mismos cometieron delitos. Saben que la predisposición para cometer un delito es algo en lo que, como en la adicción a las drogas, se puede caer en circunstancias propicias, y por ello hay que estar alerta, hay que tener cuidado de no caer o ser arrastrados a ambientes o grupos que potencialmente puedan volver a atraparlos. Con su nueva comprensión del mundo y de ellos mismos, pueden mantenerse alejados de situaciones malas o peligrosas y estar en contacto con quienes puedan apoyarles.

Esta es la razón de que cuando a uno "se le reduce", o está próximo a cumplir la condena, este período puede ser el más temible y estresante para él. Los miembros del círculo le dan muchos ánimos y apoyo, pero él es muy consciente de que una vez fuera ya no contará con el círculo para acudir a él en caso de necesidad. Nosotros, los ancianos, le expresamos nuestro deseo de que siga en contacto con nosotros, de que nos lo diga cuando tenga dificultades, y le facilitaremos un círculo al que podrá ir de vez en cuando.

Por ello mi visión incluye también la creación de una organización que facilite espacios para círculos con ex-presidiarios, así como el introducirlos en todas las cárceles y tener la posibilidad de organizarlos para todos los internos. Una vez rescatados por un círculo, una vez que ven que la sociedad más humana es aquella que vive bajo los ideales del respeto y la honestidad, la igualdad, la proximidad y la atención, estos hombres no querrán volver a estar aislados, ni a quedarse sin el apoyo y el amor de un círculo de verdaderos seres humanos.

CAPÍTULO 3. Renacer.

En los dos capítulos siguientes voy a tratar brevemente los dos otros complementos del círculo que hemos introducido en algunas cárceles. Luego los analizaré con más detalle y describiré algunas de las razones que me han llevado a ponerlos en práctica y por qué creo que funcionan bien.

La sauna constituye una ceremonia de purificación casi universal entre las distintas culturas nativas de Norteamérica (y ¿qué es en todo caso una sauna en el norte de Europa?), incluso hoy, muchos pueblos de culturas que, al parecer, no tenían un ritual similar en el pasado, la adoptan copiándola de otros. Y tiene muchos fines entre estas culturas, no todos ellos puramente espirituales.

A veces se usaba solamente para aseo físico de las personas y otras veces como lugar de reunión social y recreativa de familias, clanes y asociaciones. Era frecuente como preparación de otras ceremonias y acontecimientos tales como bodas, consejos importantes y para la guerra. También era una forma de meditación, de purificación de la mente y de buscar una visión. En otras palabras, se vio que era sana purificación del cuerpo, de la mente, del corazón y del espíritu.

Casi todas las enseñanzas recibidas concernientes a este ritual señalan que uno de sus fines principales es el renacer. En el proceso de purificación nos limpiamos de la contaminación y venenos a los que hemos estado expuestos desde nuestro primer nacimiento, incluso mentales y emocionales, y la sauna constituye para nosotros un nuevo vientre en el que crecemos con fuerza espiritual hasta el punto de poder emerger de nuevo al mundo, volver a nacer, puros e inocentes como un recién nacido. Podemos imaginarnos, por tanto, que este nuevo afrontar y deshacerse de heridas, confusión y errores tenidos, y del estrés, y tener la oportunidad de empezar de nuevo, resulta muy beneficioso para todo el que busque un mejor entendimiento y un nuevo comienzo de la vida.

En casi todas las prisiones a lo largo y ancho de Norteamérica en las que hay gran número de presos nativos se ha establecido la sauna. Algunas cárceles estuvieron abiertas a ellas desde un principio, a otras hubo que forzarlas por los tribunales a aceptar esta intensa manifestación espiritual de sus internos nativos. Según mi experiencia, las administraciones de las instituciones que cuentan con saunas regularmente, han visto que no

147

solo son beneficiosas para los presos, sino que son buenas para la prisión, pues los internos tienen un medio de "desprender vapor" y superar sus tensiones de forma constructiva.

El ritual utilizado puede variar considerablemente de una cultura a otra, y de un líder a otro, por tanto, lo que voy a describir aquí es lo que hacemos en nuestro programa de Connecticut. Debo decir que también he participado en saunas en el penitencial federal de Lewisburg, PA, donde los hombres hacen dos saunas simultáneas todas las semanas, y vi que eran muy importantes y beneficiosas para ellos. En Connecticut organizamos actualmente una sauna al mes en cuatro cárceles.

Para empezar, yo mismo u otro anciano construye la sauna en el suelo, en un espacio apartado, asignado por la prisión, entre los edificios y la valla exterior. A veces se ha permitido a algunos presos ayudar a su construcción que consiste en ramas dispuestas en el suelo en forma de círculo, curvadas y atadas por arriba entre sí por pares formando una cúpula baja y se excava un hoyo en el centro para las piedras y otro hoyo por fuera para el fuego. El organismo suministra mantas y lonas para cubrirla, y, a veces, la leña, nosotros traemos las piedras y la madera que hagan falta.

El día de la sauna se cita a los hombres por la mañana, junto con el vigilante para que esté cerca y vigile. Encienden el fuego, meten las piedras, cubren la cúpula completamente, para que cuando se cierre la puerta haya dentro total oscuridad, y se reúnen fuera en un círculo. Entonces, normalmente, ya suele haber un anciano al menos para comenzar el círculo. En algunas cárceles se permite a los internos celebrar su propia ceremonia, incluso si no hay un anciano presente. Ello también puede ser enriquecedor y bueno para el aprendizaje y la maduración.

Durante el círculo se anima a todos a que expresen sus intenciones para la sauna. Luego entran en el habitáculo (o habitáculos, en dos prisiones el número de participantes requiere normalmente dos habitáculos que funcionan a la vez), y se introducen las piedras al rojo vivo. Excepto por el resplandor de las piedras en el hoyo, el habitáculo se encuentra totalmente a oscuras.

Entonces el líder dirige la ceremonia que incluye echar agua sobre las piedras para producir vapor y aumentar el sudor, dando gracias, y pidiendo comprensión mental, emocional y espiritual, y purificación. La ceremonia es muy emotiva y puede durar más de dos horas. La experiencia no puede describirse adecuadamente con palabras. En otro capítulo describiré una ceremonia típica, tal como yo la dirijo, simplemente para que se hagan los lectores una idea mejor de la forma de realizarla, pero por mucho que se explique no es posible transmitir la mínima emoción que se siente con la experiencia real.

No es una experiencia fácil, hombres muy fuertes y viriles se sorprenden al ver que no aguantan las cuatro fases de su primera sauna. Sin embargo, normalmente vuelven, y se sienten orgullosos cuando dicen que aguantan más en las sucesivas veces. A muchos les gusta que la sauna sea lo más fuerte posible y les agrada cuando está tan caliente que apenas pueden soportarla.

También parece que intentan quemar su propio pasado, sus pensamientos y sentimientos perturbadores, las tensiones de la vida en la cárcel y sus preocupaciones sobre el mundo exterior. Los que aguantan las cuatro fases acaban totalmente exhaustos y normalmente se entregan luego a un sueño profundo, a veces hasta la noche, con lo que se pierden las actividades de la tarde. Basta con decir que experimentan una limpieza física muy profunda, acompañada de recuperación mental, descarga emocional y búsqueda espiritual.

Como ya he indicado, todo esto produce un efecto muy intenso en los participantes, y empiezan a desear la sauna durante todo el mes. Si ocurre algo que les impide asistir a la sauna o ésta no tiene lugar algún mes, lamentan perdérsela y sienten la necesidad de acudir a ella el siguiente mes. Por supuesto, desean más la sauna en los períodos de estrés personal, cuando tienen problemas en su casa o en la prisión. Han comprendido que es un modo eficaz para descargarse de sus tensiones, de la ira, la ansiedad y el dolor.

Como he dicho, las administraciones de las cárceles en las que se realiza el ritual de la sauna de forma regular, han observado la reducción de la tensión entre los participantes y han llegado a la conclusión de que no es solo una práctica saludable para los internos, sino que sus efectos benefician también a la institución. Durante los años que hemos realizado este programa, en algunas cárceles ha habido incidentes violentos, agresiones personales, peleas de bandas, incluso motines más amplios, pero me alegra constatar que ni un solo miembro de nuestros círculos ha estado nunca implicado en tales incidentes.

En estos trece años, dos hombres estuvieron implicados en incidentes en dos cárceles distintas, pero tras escuchar a los de sus círculos y luego a ellos mismos, estoy absolutamente seguro de que tales implicaciones fueron errores por parte de las prisiones, que actuaron por presunción y por información falsa, y por supuesto, la prisión por seguridad debe errar del lado de la prudencia.

Ha habido personas cuyo perfil psicológico mostraba que eran propensos a la cólera y la violencia e incapaces de controlar sus actos en situaciones de elevado nivel de frustración, contrariedad o vejación, real o imaginaria. El asesoramiento de los consejeros de la prisión y de los equipos de salud mental no les ayudó en nada, y el único recurso de la prisión fue el de la sedación.

Cuando venían al círculo, habían pasado gran parte de su condena segregados y en confinamiento solitario. Algunos de sus problemas quedaron aliviados al estar en el círculo y sentirse lo suficientemente seguros para hablar de sí mismos, y por contar con otros miembros del círculo que estaban pendientes de ellos en situaciones de tensión. Pero aun así seguían teniendo pendencias ocasionalmente, hasta que se organizaron las saunas.

Con esta experiencia lograron un gran alivio en su agitación interior, a la vez que una profunda relajación de cuerpo y mente. Salían más ligeros, en paz consigo mismos y con capacidad de controlar sus actos, comprendiendo que podrían disipar los conflictos internos en la siguiente sauna. Tras la libertad, es importante para los ex-presidiarios que tengamos un calendario regular de saunas externas a las que puedan asistir.

Recuerdo el caso de uno de estos presos problemáticos que era propenso a la cólera y la violencia. La suya era una de esas historias trágicas de un chico apartado de su comunidad india y llevado de familia en familia adoptiva e instituciones juveniles. Toda su vida la pasó con una rabia difícil de contener que explotaba fácilmente y a menudo, con la inevitable frustración. Le fue mucho mejor cuando se integró en la sauna, y quería que fuera tan fuerte como pudiera resistir.

En una ocasión, presentándose como si fuera un macho bravío, decidió levantarse y se colgó de la armadura de la sauna justo encima de las piedras, donde estaba más caliente. No sé si era necesidad interior de soportar dolor o de probar su fuerza y valentía, en todo caso logró mantenerse así durante tres fases completas. Durante la última fase estuvo en la sauna pero tumbado de espaldas.

Luego me llevó aparte para contarme su experiencia. Dijo que tuvo una visión y que se había sentido, según sus palabras, "desmadrado" con ello. Me dijo que nunca había creído en nada, ni en la iglesia, ni en Dios, ni en nada espiritual. Se mofaba de la idea de un mundo espiritual, de los espíritus y ángeles, y de cuanto rebasara la experiencia de sus cinco sentidos. Pero cuando estuvo tumbado en la cuarta fase, la fase del espíritu, según mi proceder, tuvo una visión, muy clara y real, a todo color, de "un arco iris como un águila danzante" que bailaba para él.

"Ya me conoce", me dijo, *"nunca creí en esas cosas, pero lo he visto, ¡lo vi!"*. Estaba muy agitado, pero de forma buena y maravillosa. La visión le había dado algo que no había experimentado en toda su vida. No hubo palabras, pero en ese momento le invadió una gran ola de paz y lloró. Me dijo que era la primera vez en su vida que se había sentido en paz.

En la prisión Somers de Connecticut, ahora conocida como Osborn, el primer círculo tuvo tal éxito que fue cosa fácil instaurar las saunas poco después, la administración colaboró mucho, facilitándonos una buena zona, separada de las demás actividades y nos proporcionó el material preciso. El asesor principal, que era nuestro intermediario, incluso vino conmigo a los bosques colindantes a cortar ramas para hacer la primera sauna. Luego nos proporcionó un cobertizo para guardar la madera seca y dejar la ropa en caso de lluvia. Si nieva o llueve mucho, puede que se suspenda la sauna, pero una lluvia ligera e intermitente no nos impedirá tenerla buena.

Dada la buena experiencia de Somers, resultó posible organizar más adelante saunas en otras tres cárceles de Connecticut, y si dispusiéramos de una organización, con más voluntarios capacitados, podríamos fácilmente llevarlas a otras instituciones correccionales de todo el Estado que las están pidiendo. En Massachusetts y en New Hampshire se han resistido hasta ahora a tener saunas en las prisiones, a pesar de la buena experiencia en las cárceles de Connecticut y otras prisiones estatales y federales en la zona occidental de los Estados Unidos y de Canadá. Ante ello, hemos iniciado acciones legales ante los tribunales para que obliguen a los Departamentos correccionales de estos Estados a permitir las saunas como un importante derecho religioso, como ha sido el caso en otros muchos Estados. Esperamos ganar, por supuesto, porque parece que la ley, la moral y el sentido común están de nuestro lado. En realidad con los tribunales nunca se sabe, pero, pase lo que pase, continuaremos nuestra lucha para llevar este beneficio tan saludable a todas las prisiones.

CAPÍTULO 4. Asesoramiento.

Otra faceta de los programas para cárceles ha sido el asesoramiento. Efectivamente, los ancianos estamos siempre dispuestos a aconsejar antes y después de los círculos y saunas, pero en dos prisiones, en momentos distintos, establecí horas exclusivamente para asesoramiento. En un caso, yo iba una vez por semana a una cárcel, y quienes lo pedían previamente esperaban en una sala, mientras en otra más pequeña yo los atendía de uno en uno en sesiones privadas. Esto era un complemento positivo para el programa, pero, por un cambio de horarios se suprimió, y empecé sesiones semanales en grupo, pero finalmente hubo cambios en la administración y el programa se suspendió.

El otro programa, en la misma prisión en la que tuvimos nuestro primer programa, fue un aula de asesoramiento colectivo que duró cinco años. Fue discontinuo por distintas razones, incluida la puesta en libertad de varios de los primeros asistentes, y mi creciente necesidad de tiempo para llevarlo a otras prisiones, así como la ausencia de dos profesores que me ayudaban una vez al mes.

Esta aula fue un gran éxito, y persiste en mi mente como posible modelo a llevar a otras prisiones realizando un programa que podría adaptarse a cualquier cultura de cualquier parte del mundo. Uno de los primeros miembros del aula expresó su opinión sobre ella de esta forma: *"El círculo me salvó la vida, la sauna me llevó más lejos y me ayudó más, y el aula me ha llevado lo más lejos posible y me ha dado lo necesario para tener un control real de mi vida"*. Otras personas han dicho cosas similares, que el círculo les ha abierto el buen camino, que la sauna fue un escape seguro para desahogarse, y que el aula los fortalece y les proporciona conocimientos y recursos para tomar las riendas de sus vidas.

El nombre oficial del aula era *Re-Evaluation Counseling* (Asesoramiento para mejorar la Autoestima)[8]. Www.rc.org Este método lo enseño en New Hampshire, donde vivo, y en comunidades nativas de la región de New England, y sus preceptos los aplico a mis propios asesoramientos y en seminarios que imparto en escuelas y comunidades de toda Norteamérica y Europa. A veces se lo conoce como co-asesoramiento, una especie de asesoramiento colectivo en el que los participantes se ayudan unos a otros aconsejándose entre sí.

---

[8]El manual básico puede adquirirse en Rational Island Publishers, POB 2081 Main Office Stn, Seattle, WA 98111. www.rc.org

El proceso contiene diversas diferencias básicas con lo que normalmente entendemos como asesoramiento, diferencias suficientes como para que, a menudo, prefiera usar una palabra distinta, con el fin de evitar asociaciones con el asesoramiento normal. Algo así como "Escucha Eficaz", aunque se queda corto.

Esta aula se llevaba a cabo bajo los auspicios de la escuela de la prisión, que nos facilitaba un espacio una vez por semana. Tanto la prisión como la escuela nos apoyaron mucho, permitiéndome impartir un aula sobre algo de lo que nunca habían oído hablar y con solo mi palabra de que era algo bueno y de que los presos se beneficiarían tanto por adquirir conocimientos muy útiles, como por verse capaces de reflexionar en profundidad sobre sus vidas y aprender la forma de lograr los cambios deseados.

Durante esta nueva aula experimental en la prisión, conté con el estímulo y consejo de otros dos excelentes profesores que venían una vez al mes, Stacey Leeds, coasesora ocasional del Estado de Connecticut, y Emmy Rainwalker, consejero ocasional de la región de Monadnock, en New Hampshire, y la ayuda de mi esposa Ellika Linden.

En un aula así es importante que todos los alumnos sean idóneos para aprender el proceso de coasesoramiento. Esto significa básicamente que el alumno no debe estar psicológicamente totalmente ensimismado. Debe poder prestar atención a los demás y pensar sobre lo que oye durante períodos prolongados de tiempo. Así pues, es esencial analizar a los nuevos alumnos que no conozcamos. Alguien que precisara atención constante agotaría la paciencia de la clase y la sacaría de su ritmo.

Para la primera aula elegí a personas del círculo que yo consideraba líderes potenciales, que parecían tener ganas de aprender y de realizarse, y que eran capaces de escuchar a los demás. Como había llegado a conocer muy bien a casi todo el círculo, ello no resultó difícil. También elegí a uno que no conocía bien, pues había mostrado gran deseo y constante interés, y le entrevisté en profundidad. Resultó ser un buen alumno que realmente se benefició de la clase.

Los presos se sentían orgullosos del aula y de sus progresos en ella. Era algo totalmente nuevo y superior a cuanto podían imaginar, pero se integraron plenamente, hacían preguntas muy oportunas, se empapaban con la lectura que les dábamos, y ponían en práctica sus nuevas habilidades siempre que tenían ocasión. Cuando llegué a la clase, algunos ya estaban allí, antes de anunciarse por el sistema de difusión pública de la cárcel. Habían ordenado la habitación, la habían limpiado de nuevo, habían colocado las sillas, y esperaban ansiosos mi llegada.

Lo primero que hicimos, común a todas las clases de Re-Evaluation Counseling [www.rc.org], fue que cada participante contara algo nuevo y bueno de su vida. Esto tiene la finalidad de atraer la atención de todos de forma positiva. Usted podrá imaginar que la vida en prisión puede medirse sobre una escala, desde simplemente mala a verdaderamente miserable. Puede ser deprimente, desesperante, enloquecedora, exasperante, irreal e inhumana. Y ello puede malograr la clase con energía negativa.

Como podrá imaginar, no es tarea fácil sentar a un preso y hacerle contar algo nuevo y bueno de su vida. Si ha tenido visitas, cartas o buenas llamadas de su casa, es bueno. Pero muchos de estos hombres no tienen a nadie fuera que se preocupe por ellos, sus familias se encuentran en situaciones difíciles fuera de su control. Así, es posible que de entrada el alumno diga que no hay absolutamente nada bueno que decir sobre su vida, pero cuando insisto y me niego a continuar hasta que se le ocurra algo, suele encontrar algún resplandor en toda su oscuridad.

"Supongo que es bueno que esté vivo. También que haya podido levantarme esta mañana. Igualmente que haya esta clase para venir a ella", suelen decir. Luego se les ocurren más cosas, *"Gracias al círculo tengo amigos de verdad, hermanos con los que puedo hablar".* *"He observado los pájaros. Vienen a mi ventana porque les traigo pan de la bazofia".* *"El cielo estaba muy azul, azul oscuro, y las nubes corrían por él, muy blancas y algodonosas".*

Tras varios meses, los alumnos me contaban que al verse forzados a pensar en las cosas buenas de sus vidas, se había producido un gran cambio en su consciente. Decían que el tiempo, que solía ser muy duro, lento y aburrido, ahora se les pasaba deprisa, ya que no estaban agobiados por sus sentimientos y problemas. Han perdido el hábito de quejarse siempre por todo lo malo. Si es algo pequeño, lo dejan pasar, no tiene importancia. Siguen fijándose en lo bueno, en las cosas para estar contentos, para estar agradecidos, sobre las que concentrarse como algo "nuevo y bueno". Por supuesto saben también que ante un problema real, y sentimientos verdaderamente duros, pueden someterlos al círculo, a la sauna, y los alumnos, con mayor detalle, al aula.

Cuando están atentos, suelo sacar algún punto sobre la teoría del asesoramiento y lo explico. Luego suelo demostrar el empleo de las técnicas de grupo, explicándolas a un alumno delante de toda la clase. Tras la sesión, cada alumno deberá comentar lo que ha visto, hacer preguntas, decir lo que hubiera hecho si hubiera sido él el asesor. Si al comienzo de la clase noto que algún alumno tiene alguna dificultad personal, si es posible hago la demostración con él. Si fueran varios los que tienen dificultades o están bajos de ánimo, puede que les dedique a ellos el resto de la clase.

También suelo pasar de un alumno a otro, distribuyendo el tiempo por igual, y prestar atención a todos los del grupo, o repartir el círculo por parejas para que practiquen la técnica del asesoramiento entre ellos. Cada clase será diferente y dependerá del estado psicológico de los participantes en ese momento. La enseñanza siempre requiere flexibilidad, pero en ningún sitio es más necesaria que en la prisión.

Empecé con doce alumnos, pero dos abandonaron para ir a reuniones de narcóticos anónimos. Los otros diez estaban muy unidos y se abrían más y más cada semana. Siempre empezábamos con cosas buenas y nuevas (cosas acaecidas su la vida), algo nada fácil en la prisión, normalmente se reducía a hablar de las visitas, o simplemente del estar vivos y asistir a clase. Luego, cada semana, escuchábamos la vida de uno. Esto tenía mucha fuerza. Tras el relato de una vida, había preguntas y comentarios de los alumnos, que se sentían muy conmovidos y con mente positiva. Después, si quedaba tiempo, les proponía un tema para que meditaran sobre él, o alargaba la sesión de asesoramiento.

Vi que dar una clase de co-asesoramiento en la cárcel es muy distinto a hacerlo fuera de ella. En primer lugar, buena parte de la descarga emocional se ve inhibida por el hecho de no poder gritar, ni hablar muy alto, como es el caso fuera, o podría llamar la indeseada atención de los vigilantes, siempre presentes y pendientes del menor jaleo.

Y en caso de surgir algo molesto para un alumno, podría no tener tiempo, dentro de los límites de la escuela, para tratarlo en profundidad y encontrar una respuesta segura que le devuelva al presente que puede controlar. Tampoco es fácil que me localicen por teléfono en caso de dificultad. Comprendí que en caso de surgir algo interesante al final de la clase, era mejor dejarlo hasta el comienzo de la clase siguiente.

Cometí algunos errores a lo largo del proceso, al principio, pues carecía de un modelo de tales clases en prisiones, y tenía que aprender por mí mismo, con la ayuda de mis otros profesores, los propios presos. Eran pacientes conmigo, comprendían que era una actividad nueva para mí. Comprendían que yo tenía ideas que eran buenas, y querían conocerlas, y también que poder enseñar en estas circunstancias era muy distinto para mí, e iban a tener que enseñarme mucho sobre la cárcel y la vida de los presos, para así poder adaptar mi material y su presentación a su mundo.

Por supuesto no les era fácil tener sesiones así fuera de la clase, con los demás presos, así es que estas sesiones les eran muy importantes. Aprendían a pensar en los demás positivamente, y se apoyaban entre ellos cuando sentían angustia. Una vez uno se fue de clase antes de empezarla, muy enfadado por un incidente menor, y pasamos mucho tiempo comentando lo que podría pasarle, y cual sería la mejor manera de orientarle.

Sus amigos hablaron con él, y asistió a la siguiente clase muy serio y desconectado. Hizo bien, teniendo en cuenta que nunca había podido confiar en nadie, carecía de apoyo del exterior, y estaba pendiente de su extradición de la institución y por tanto de alejarse de los únicos amigos con los que había podido sincerarse, para enfrentarse con una acusación por asesinato de un joven de quince años en otro Estado.

En otra ocasión faltó un hombre a clase, y cuando pregunté por él me dijeron que recibía amenazas de alguien de fuera de la clase y estaba muy intranquilo. Naturalmente dije que era entonces precisamente cuando más necesitaba la clase, y pedí que fueran a buscarles a él y a quien le amenazaba, y los trajeran si podían. Así sucedió, los compañeros debatieron con ellos dos, y todo resultó ser un gran malentendido que nunca se habría solucionado si no los hubieran buscado y ayudado, y que podría haber originado una fuerte pelea y arruinado dos vidas. ¡El lector puede creer que tras ello todos se sintieron muy orgullosos de sí mismos, y sorprendidos del poder del co-asesoramiento!.

Poco a poco, más despacio que en una clase externa, en sesiones de solo dos horas semanales, los presos lograron aprender la base de la teoría del asesoramiento, ver aplicaciones de ella, poner en práctica su capacidad de aconsejar y profundizar en el temido mundo del desahogo emocional. Aprendieron que pueden superar los sentimientos de temor, que son dolorosos e irritantes, y que no van a perder el juicio ni van a permanecer   apartados   para siempre, y que pueden aliviarse de viejas pesadumbres, ser más fuertes y pensar con mayor claridad. Comenzaron a utilizar sus nuevas habilidades con otros internos, con los vigilantes y con sus familias y a considerar el posible liderazgo fuera de la cárcel, creando círculos, asesorando, ayudando a los jóvenes a apartarse del delito y de la cárcel. En resumen, comenzaron a ver la posibilidad de sostener su espíritu (la realidad presente) y de cambiar el mundo.

CAPITULO 5. Realidad y Naturaleza Humana.

Llegados a este punto me resulta necesario clarificar los principios de la teoría en que se basa este trabajo. He preferido presentar primero un esquema general de la actividad para dar una idea de como actúa. No quise plantear ninguna teoría al empezar, porque tales abstracciones tienden a despertar nuestros sistemas de creencias personales y conducen a discusiones y debates. Teniendo en cuenta que este procedimiento funciona mejor que cualquier otro modelo ahora en uso, les pido indulgencia y les ruego mantengan una actitud abierta hacia el amplio mundo que, en mi humilde opinión, es el soporte del éxito de este programa.

En relación con el círculo, ya he dicho que la clave está en el respeto. A todo lo ancho del mundo indígena encontramos común acuerdo en este condicionante básico. Por un lado, no podemos controlar nuestros gustos ni afectos con facilidad. No podemos darnos la orden de querer a alguien. Nadie puede obligarnos a que nos guste algo que no nos gusta. Pero el respeto depende totalmente de nuestra voluntad. Si digo a alguien que el respeto es la base del círculo, y que para estar en el círculo hay que aceptarlo, es algo que la gente puede hacer, si esa es su voluntad.

Nuestras gentes comprobaron hace mucho tiempo que el círculo es la base de la Creación. Las estaciones y los ciclos de la vida son circulares. El círculo, las formas circulares, incluidos elipses, globos y espirales, constituyen la estructura fundamental de todas las cosas. El propio universo parece ser en cierto modo circular: las galaxias, en tanto no están fragmentadas, nos parecen circulares, al igual que las estrellas y los sistemas planetarios, las órbitas de los satélites y cometas. En el mundo microscópico, los círculos llegan hasta las células, moléculas, átomos, y el DNA, bloque fundamental de la formación de la vida.

En cierto momento nuestro conocimiento científico se hace espiritual. Es decir, la acumulación de hechos verdaderos conduce a terrenos más allá de los conceptos, en donde el concepto falla, a terrenos de maravillas y misterios, como señaló Einstein. La propia ciencia nos enseña que la realidad es algo más que medidas y tabulaciones.

Es importante tener en cuenta que aquí no hablamos de religión. Casi todos los pueblos indígenas comparten esta idea, con independencia de su expresión litúrgica. La religión de alguien, su forma de manifestarla, se considera algo muy personal y se respeta completamente. Por ello, todos los miembros del círculo tienen su propia forma y momento de practicarla o no. Hay muchas clases de cristianos, católicos, baptistas y metodistas en nuestros círculos, como también judíos, musulmanes, druídas, vicanos, budistas o hindúes, y muchas clases de nativo americanos como los lakota, cree, aninishnabe, houdenausaunee, wabanaki, wampanoag, o que no son nada, ateos y agnósticos.

El término espiritual como yo lo uso no se refiere a ninguna tradición religiosa en particular ni a ninguna idea de la existencia, sino a ese "más" que abarca toda la existencia, puesto que ésta es más que todos nuestros actos, más que toda nuestra imaginación, más que todos nuestros conceptos, más de lo que podemos concebir.

La sabiduría es esa parte del entendimiento humano que tiene sentido en todo momento y lugar, y nos enseña a vivir día a día, de forma práctica, por el buen camino. Mi buen amigo Sun Bear solía decir: *"Si tu filosofía no hace crecer el maíz, no quiero oír hablar de ella"*. Sabiduría no es solo entendimiento, sino vivir bien. Si vamos a librar a nuestra sociedad de la violencia y el crimen, tenemos que encontrar formas de comunicación a las que todos podamos acceder y todos aceptemos para poder unir nuestras mentes en este problema común.

Así es como la sabiduría espiritual de nuestras tradiciones nativas sostiene que todas las cosas son parte de una unicidad a la que llamamos Creación, que todo está relacionado, tiene su propia integridad, y es parte necesaria del todo.

Por tanto, esta sabiduría afirma que todo es sagrado y debe ser respetado como parte igual y necesaria, como un pariente. El término sagrado puede resultar difícil para algunos, otros tendrán un concepto diferente de él, pero si decimos respeto, este es un concepto que las gentes de todas las culturas pueden entender y aceptar. El valor del respeto puede entenderse en todo el mundo.

Los presos también comprenden el respeto. Pero según el código que han aprendido, el respeto hay que ganárselo. Con frecuencia, según su experiencia, solo se gana con la violencia o amenazando con violencia. Se respeta a quien tiene la mejor arma de fuego. Es algo nuevo para ellos el que el respeto no hay que ganárselo, que ellos, y todos, lo merecemos por la sola virtud de estar vivos. Para estar en el círculo tienen que aceptar esto.

Una vez en el círculo, comienzan a entender como actúa, que es necesario para nuestro aprendizaje, nuestro entender, para crear buenas relaciones y una vida mejor para todos.

Este modo de entender el respeto es la sabiduría espiritual entre los nuestros, porque hemos visto a través del tiempo que funciona, que activa nuestras vidas, las hace mejor, y que si en algún momento nos apartamos de ella, cometemos errores y lo lamentamos. Por eso se nos enseña a respetar la Tierra, como madre nuestra, a respetar toda la Creación, todas las formas de vida, y a todos los seres humanos con independencia de edad, sexo, color, nacionalidad o credo.

Por eso insistimos en el respeto como la regla básica del círculo. Hemos visto que cuando se sigue estrictamente la regla del respeto, el círculo funciona de forma maravillosa, y que cuando se pierde el respeto, el círculo se viene abajo.

En el círculo todos son iguales. En él no hay cabeza ni cola, ni primero ni último, ni mejor ni peor. Es cierto que algunos pueden considerarse jefes, u hombres de la medicina, o madres de un clan, o ancianos, y por costumbre pueden hablar primero, pero sus palabras no son necesariamente más importantes o deben respetarse más que las de otros.

Estos ancianos entienden su cometido de reunir a la gente y transmitirles el don de su experiencia y enseñanzas, pero siempre insisten en su igualdad y respetan y prestan gran atención a los pensamientos y sentimientos de todos. Dicen, como suele decir Slow Turtle a nuestros presos:

"Vosotros [Ustedes] sois especiales. Todos ocupáis un lugar importante en la Creación. Todos poseéis dones especiales y únicos. Nadie ha sido como vosotros en todo el universo, ni volverá a haber nadie como vosotros. Por tanto, todos tenéis un don especial, y sois los únicos que podéis manifestarlo. No os sentiréis bien, no cumpliréis vuestra misión mientras no lo expreséis. Los demás necesitamos recibir vuestros dones y oír vuestras historias".

Refiriéndonos al círculo, no utilizamos la palabra religión, por su relación con las iglesias existentes. En las prisiones hay diversas categorías, religiosa, cultural, educacional, política, terapéutica, etc. Les produce confusión cuando les decimos que para nosotros todo esto es espiritual, toda la experiencia humana, la ciencia, lo conocido y lo desconocido, eso es la Realidad. Debemos recordar que lo que ellos llaman religión, cultura, educación, terapia, sociología, son solo conceptos, elementos de la pseudo realidad.

Enseñamos a los presos que esa Realidad, que les ha parecido a lo largo de la vida hostil e incluso viciosa, es realmente benigna. Esa Realidad es lo que experimentamos en el mundo natural, en la naturaleza virgen, en donde vemos que todo está en armonía y equilibrio. Funcionando. Si todos los seres humanos marcharan a otro planeta, nuestro planeta se curaría y continuaría hermoso y en equilibrio.

Pero cuando nos adentramos en las ciudades y en los centros de civilización, vemos que muy poco marcha bien. Vemos violencia y crimen, codicia, soledad, agresión doméstica, apatía y desesperación. Ello no está en consonancia con las Normas Originales. Eso es pseudo realidad, hecha por nosotros con nuestras heridas, males y confusión.

Las Normas Originales son la ley natural, y cuando se comprenden bien aprendemos a llevar una vida armoniosa y equilibrada. Vemos que las cosas tienden a querer sanar, a alcanzar el equilibrio, mejorar, y que los seres humanos de hecho queremos aprender, ser más responsables, más conscientes y hacer las cosas mejor. Vemos que hay una tendencia positiva en la Creación.

Enseñamos que un ser humano nace totalmente bueno. No hay mal en él. En las Normas Originales no existe un plan para hacer nada malo, pero pueden vulnerarse. Hemos creado sistemas dañinos y tales sistemas empiezan a hacernos daño desde que somos pequeños.

Enseñamos que el bebé humano al nacer es adorable. Casi todos tenemos suficiente experiencia con recién nacidos para saber que son adorables "ramilletes de alegría". No se puede mirar a un diminuto bebé y pensar que uno va a ser morfinómano, que otro va a ser un violador, asesino o atracador de bancos.

Ponemos las mejores esperanzas en estas pequeñas criaturas y las deseamos felicidad y lo mejor de la vida. Por ser tan ricos y apetecibles queremos cogerlos y acariciarlos, a lo que responden con calor, y cuando van creciendo quieren devolver el afecto recibido. Por tanto, amor y afecto están en el eje de nuestro ser. Son parte de nuestra verdadera esencia, de nuestro humanismo.

Vemos que un bebé es despierto y vivo desde el principio, y reacciona con energía a cuanto le rodea. Quiere jugar con todo, con cuanto pueda coger, y se deleita con todo, excepto cuando le acosa el hambre, o necesita pañales limpios, o está frustrado por algo que no puede hacer o tener. Vemos que los bebés aprenden todo con rapidez y son infinitamente curiosos, por ello podemos decir que ser humano es también ejercitar la inteligencia. Con esa inteligencia y el sentido del juego, pronto vemos que los seres humanos son naturalmente creativos. A todos los niños les gusta crear, imitar y fantasear, y hacer cosas nuevas e interesantes.

He aquí las cosas que puede decirse que constituyen el ser humano: ser humano es amar (y ser amado), ser alegre y juguetón, curioso, inteligente y creativo. Amantes, alegres, inteligentes y creativos. Eso es lo que somos, todos nosotros, sin excepción. Así es como empezaron todos estos presos, estos delincuentes, estos hombres de vida despedazada que puede que hayan despedazado otras vidas.

Pero, a diferencia de otras especies, un bebé necesita doce años para hacerse adulto. Durante ese tiempo hay que proteger al niño, cuidarlo, prestarle atención y amor, jugar con él, estimular su mente, alentar su creatividad y apoyarla. De todo ello han carecido los presos que he encontrado. Alguna vez sus circunstancias aparentes pueden parecer muy buenas: padre, madre, familia intacta, sin dificultades materiales. Pero bajo estos factores superficiales existe una historia interior oscura. Siempre.

Recibir algún daño es inevitable para todos. No es posible crecer sin algún percance, alguna pérdida, ansiedad o frustración. Por ello la tristeza, el temor y el enfado son parte natural de la vida. En una familia afectiva, cooperativa, unida, el niño aprende a afrontar todo esto.

Si de niños contamos con alguien a quien acudir confiados en caso de apuro, que nos permita expresarnos, sentir nuestros temores, manifestar nuestra rabia y aflicción, que nos reconforte, que nos diga que estamos bien, que no somos malos ni estamos locos por tener estos sentimientos, entonces los superamos rápidamente y retornamos a nuestro propio ser humano, vigoroso, juguetón, curioso y afectivo.

Nuestros hombres de la cárcel no han contado con estos medios en su etapa de crecimiento. Hace mucho que enterraron sus sentimientos de rabia, terror y pena. Han intentado sobrevivir en un mundo hostil y duro, sin que nadie les guíe ni les apoye. La mayoría nunca tuvo una auténtica familia, han pasado de familia en familia adoptiva, de una institución a otra. A veces las familias adoptivas son afectivas y benefactoras, pero no ha sido el caso de estos hombres. Normalmente ya estaban afligidas y eran belicosas, violentas, rastreras, escurridizas o estafadoras cuando los acogían, y en su mayoría no estaban preparadas para superar la angustia. Las instituciones son incluso menos capaces de afrontar el problema.

En el caso de los delincuentes que se han criado en un solo hogar, en su propio hogar, casi siempre se trataba de familias rotas, y si no, lo más probable es que estuvieran en un entorno violento, abusivo y posiblemente alcohólico. Cuantos presos he escuchado, han sido objeto, en algún grado, de abuso en los años, tiernos y vulnerables, de la niñez. A menudo era abuso físico, sexual o emocional por parte de alguno de sus cuidadores adultos, ello emparejado con algún grado de aislamiento y abandono.

Cuando son algo mayores, muchos de estos niños descubren el alcohol y la droga como medio de ahogar la ansiedad de los sentimientos reprimidos, y aprenden a vivir bajo las normas de la calle, o de los códigos secretos que inventan en su aislamiento de la sociedad. Cuando pasan un tiempo en una institución, orfanato, centro de acogida, reformatorio o prisión, aprenden las normas de la delincuencia. Esta es su realidad, y ven que hay que despreciar el mundo general, el mundo que los hirió, y a sus componentes, que son ignorantes, insolidarios, egoístas e indolentes.

Lo que no saben, lo que nadie les dijo, es que dentro de cada uno, bajo la reciedumbre y la rudeza, bajo la ira y los sentimientos de traición, bajo la astucia y el terror, hay un niño esperanzado, divertido, brillante y cariñoso, el niño que fueron, que no ha dejado de existir, sino que quedó enterrado bajo una montaña de angustia. (Cuando se lo explico a ellos empleo palabras más fuertes y corrientes).

Nunca en la vida se les enseñó tan siquiera que tenían la posibilidad de elegir, que eran lo bastante buenos y listos como para aprovechar las oportunidades de haberlas tenido, y que merecía la pena hacer el esfuerzo de buscarlas. Y les llegan unos ancianos, a veces tras recorrer cien millas, solo para estar con ellos, para decirles que la vida no es lo que han tenido, y que la realidad no es lo que les han hecho creer que es, para decirles que son seres humanos buenos y valiosos que han caído en trampas desconocidas, que han ido por sendas terribles, y que han sido tan víctimas como sus propias víctimas.

Eso no significa que no deban responsabilizarse de los delitos cometidos en el pasado y que no deban disculparse y tratar de compensar en alguna forma a sus víctimas. Deben hacerlo. Tanto por su propio bien, como por el de las víctimas.

Ahora estos ancianos les dicen que nacieron buenos y no eran responsables de las circunstancias que les han dañado, que pueden aprender de sus errores y llegar a ser seres humanos plenos y realizados. También les dicen que entienden sus sentimientos y que es bueno para ellos exteriorizarlos. Que son dignos de respeto y de atención.

Por ello, en el círculo se considera a todos sagrados, personas buenas y maravillosas, a las que les han sucedido cosas terribles que las llevaron a esconderse tras pesadas armaduras y acolchados muros. En el círculo se respeta a todos, y se les da seguridad para que se asomen un poco de detrás de la armadura y de los muros. Se les presta atención plena cuando sostienen la vara, este es su turno, para emplearlo como quieran. Nadie interrumpe ni contradice, solo se debe tratar de entenderlos y apoyarlos.

Cuando uno escucha a otros, empieza a empatizar. Comienza a darse cuenta de que no está solo, de que no es raro, ni siquiera es la mala persona que todos le han hecho creer que es. Porque ve que los demás tampoco son malos. Puede oír al niño vulnerable, herido y anhelante que clama dentro de cada uno. Tras el respeto surge la comprensión, el aprecio y el apoyo. De un círculo de hombres ocultos tras sus propios esquemas, surge una familia de hermanos con agravios comunes, desesperanza común, anhelos y temores comunes y esperanza común.

Algunos comprenden esto rápidamente, aquellos cuyas heridas no son muy profundas. Otros tardan meses, incluso años, los que dejan el círculo y luego vuelven a él. Pero si permanecen en él tiempo suficiente, terminan viéndolo. Los más antiguos toman a los nuevos bajo sus alas y los conducen al bien.

Cuando lo consiguen se ve afectada su vida entera. Ven las relaciones familiares de forma distinta. Empiezan a ver a todos, padres, hermanos, esposas, hijos, amigos y enemigos, como seres humanos, que fueron niños inocentes que se cargaron de angustia y que, al no contar con apoyo para superarla, desarrollaron los patrones de conducta que ahora dificulta la relación con ellos. Cuando cambian de actitud se sienten mejor, y normalmente sus relaciones también mejoran. También ven así a los demás internos y, especialmente, a algunos de los peores vigilantes. Se hacen menos conflictivos, a veces hasta muy simpáticos, y perciben grandes cambios en sus relaciones con los demás.

Cuando les viene una crisis, exponen sus inquietudes en el círculo, y cuando las liberan y ven que son aceptados, suelen sentirse con fuerzas para pensar con claridad y superar la situación adecuadamente. En las prisiones en las que disponemos de sauna, saben que disponen de otro escape para cuantas inquietudes puedan surgirles.

En la forma de dirigir la ceremonia de purificación en la sauna, distingo cuatro fases o períodos, uno en cada dirección, en los que me concentro en sanar el cuerpo, la mente, el corazón y el espíritu. Empiezo con el cuerpo, aspirar el vapor caliente hacia los pulmones produce un efecto de limpieza en todo el cuerpo. Al mismo tiempo pedimos la curación de nuestros amigos y seres queridos, de la tierra y de todas las formas de vida, de todos nuestros parientes. En la fase de la mente les pido que se descarguen de sus problemas, que se vacíen de los pensamientos y consigan una mente en paz y en calma, y que en ese estado se abran a las respuestas y visiones que les vengan.

En la tercera fase les pido que abran sus corazones y dejen fluir los sentimientos que les incomodaban. Esta parte puede resultar muy ruidosa, pues les animo a que lloren, giman, se encolericen y, generalmente, que armen gran estrépito, como si fueran animales heridos, para que expulsen sus inquietudes con energía. La fase final es más tranquila, pues cada uno trata a su manera, de conectar con lo real, el espíritu interno de todas las cosas, nuestro propio espíritu interno, el de los demás, y el de la Creación.

Cuando tuvimos clases de co-asesoramiento, como complemento a lo anterior, teníamos la posibilidad de dedicar más tiempo a cada individuo, de escuchar toda la historia de su vida, de dejarle explorar sus sentimientos y pensamientos para tomar nuevas decisiones. La clase también les daba oportunidad de ayudar a los demás, les enseñaba técnicas de escucha y apoyo, a comprender la opresión, y formas creativas y enriquecedoras de liberación, así como comprender las relaciones y ser buenos padres. Como es de imaginar, el complemento de esta clase les daba muchos más recursos para afrontar sus vidas que los ya conocidos fuera, de modo que creían que podrían ser eficaz apoyo para sus familias y amigos cuando salieran.

CAPÍTULO 6. El siguiente paso.

Lo descrito antes es un modelo que estamos aplicando para lograr cambios positivos en nuestro sistema correccional. Es un modelo que ha sido útil para cuantos han participado en él, que por el momento ha sido un número reducido de presos, falta por ver como podremos ampliarlo en estas y otras prisiones. Creo que la teoría y los métodos son adecuados, y que pueden lograrse programas para hacer que el modelo pueda adaptarse y sea accesible a todo grupo de cualquier prisión, en cualquier cultura. Hay que reflexionar más sobre todo ello, pero, como he dicho, es un buen modelo ya en marcha para seguirlo, y da buenos resultados.

De lo que carecemos como complemento al programa es de un lugar para ex-convictos tras recobrar la libertad. Como la reincidencia es muy alta, y gran parte de la población presa está formada por reincidentes, nuestra primera prioridad actual es continuar este programa de buenos resultados fuera de las cárceles.

En la mayoría de los Estados hay instituciones de régimen semiabierto que dan libertad suficiente y oportunidades para continuar la formación educativa y profesional, así como programas contra el alcohol y las drogas. También existen programas estatales para la rehabilitación de violadores. El índice de éxito de estos programas es, para ser francos, desalentador.

A veces existen casas intermediarias que facilitan a los presos que salen una mejor relación con la sociedad, les ofrecen un lugar para estar y participar en los programas. Para quienes salen en libertad condicional hay funcionarios de vigilancia con la misión de controlarlos y ayudarlos a la reconstrucción de sus vidas una vez fuera. Dado el número creciente de tales condicionales, estos departamentos están sobresaturados y escasos de personal, y solo mantienen un contacto mínimo con los presos.

Cuando se acerca la fecha de la puesta en libertad, "están próximos" como dicen, aparece en los presos la ansiedad y necesitan un tiempo en el círculo, y probablemente asesoramiento, para afrontar sus temores. Algunos volverán a casa con la familia, con la que tuvieron dificultades en el pasado, o de la que estuvieron distanciados largo tiempo. Quizá encuentren problemas en casa peores que los tenidos en la cárcel. Con suerte, quizá les espere un trabajo, pero no será así para la mayoría, que deberá afrontar una gran inseguridad en este aspecto.

Los presos de condena larga sufren dos grandes temores: morir en la cárcel, o verse libres en ese mundo aterrador que ya deformó sus mentes y su voluntad de forma incomprensible y los llevó a prisión. Muchos de estos presos carecen de casa y familia a donde ir. Cruzar las puertas de la libertad con unos pocos dólares recibidos del Estado, los enfrenta a un mundo muy cambiado desde su encarcelación, solos y sin ayuda. Les aterroriza volver a caer en nuevas y desconocidas trampas, o verse sin apoyo cuando los viejos demonios les asalten de nuevo y volver de nuevo a la cárcel para morir tras sus muros.

Por el momento todo lo que podemos ofrecer es la posibilidad de que los ex-presidiarios acudan a los círculos y saunas que queremos organizar una vez al mes, y que nos visiten cuando tengan problemas, lo que, a pesar de animarlos, hacen rara vez. Son reticentes a pedirme que les dedique más tiempo y atención, pues saben lo dispersos que están. Trato de mantenerme en contacto lo mejor que puedo, y algunos asisten con constancia a los círculos en nuestra sede en los bosques de New Hampshire, aunque ello no les resulte tan fácil.

Pero tengo una visión, un sueño. Me resulta claro en este momento cual debe ser nuestro siguiente paso y como podríamos darlo con la organización y el apoyo requeridos. No creo que se necesitara mucho, en términos de dinero y de personas, para hacer realidad esta visión.

Necesitamos, por supuesto, varios lugares en diferentes zonas de los Estados afectados, en los que tendrían su sede nuestras casas intermedias, dirigidas por los propios ex-presidiarios, y en las que quienes recobran la libertad podrían contar con el consiguiente apoyo del círculo. Pasar de un círculo de cárcel a un círculo externo a ella, sería una fácil transición para los presos, puesto que les resultaría algo familiar y enriquecedor. En ellas encontrarían consejo para comprender su paso hacia el nuevo mundo social, para relacionarse con familiares y amigos y para encontrar trabajo y alojamiento.

Ya existen algunos modelos de ello, siendo, quizá, el más importante Delancey Street, organización privada no lucrativa que empezó en San Francisco y que ha abierto nuevas sedes en otros Estados. Delancey Street está regida y gestionada en su totalidad por ex-convictos. Los programas para ex-presidiarios se basan en los de los Doce Pasos. Dispone de un bloque entero en San Francisco, en el que se han restaurado los edificios y habitaciones, y rige varios negocios operados por ex-convictos acogidos.

Es un excelente modelo de lo que me gustaría hacer. En mi idea yo añadiría dos cosas a este programa post-prisión. Me gustaría que, además de los locales urbanos, hubiera otros lejos de las ciudades como primer sitio al que irían los presos con dificultades para reintegrarse a la vida urbana. Les desearía un período de calma y retiro en un ambiente natural, con posibilidades de cooperación en tareas agrícolas, forestales y actividades naturales, por ejemplo.

También querría, por supuesto, organizar círculos como eje de los programas y de su desarrollo. Siento gran respeto por los progresos y logros del movimiento de los Doce Pasos, pero hay muchos presos que no se han beneficiado de él, por razones que no vienen al caso. Nuestra experiencia con los círculos, sin embargo, es que los hombres se involucran completamente, adquieren devoción por ellos, y les son leales y los cuidan. Son algo que les pertenece, un modo de vida del que se sienten orgullosos.

Asisten a AA (Alcohólicos Anónimos) y a NA (Narcóticos Anónimos) porque lo necesitan en su expediente para que el tribunal de condicionales los considere para darles esta libertad, o porque les permite pasar ratos agradables. Siguen estos programas fuera por requerimiento de la condicional. Pero los de los círculos desean asistir al semanal de la cárcel, incluso si no les aporta nada ante el tribunal de condicionales, y esperan con ansiedad asistir a uno cuando salen. Desean llevar a familiares y amigos a los círculos, y mostrarlos a los jóvenes en escuelas y calles.

Quienes han estado en los círculos durante cierto tiempo, creen en ellos porque les cambiaron la vida y están inmensamente agradecidos por ello. A veces, muchas veces, les he oído decir que están alegres por esta "suerte" o sentencia de cárcel, porque han tenido la oportunidad de encontrar el círculo y entrar en él.

Dicen que de no haber encontrado el círculo probablemente estarían muertos. Habrían seguido la espiral descendiente y el ritmo destructivo de vida hasta perderla o hasta que alguien se la quitara. Por ello dicen que el círculo salvó literalmente sus vidas.

Miran atrás a cuanto eran, y no se creen cuanto hicieron ni su forma de pensar y sentir. Algunos han matado sin pensarlo ni sentirlo, otros creían que un buen fajo de billetes era lo único importante, lo que les hacía hombres, otros simplemente no podían afrontar ni comprender nada del mundo en el que tenían que sobrevivir, y permanecían atónitos casi siempre, sin sentir ni pensar en nada.

Ahora saben todo lo que hicieron, pensaron y sintieron, pero les parecería muy irreal y absurdo hacerlo ahora. Quieren mostrar su gratitud, compensar el gran don de la vida que han recibido, y saben instintivamente, sin que se les haya dicho, que la mejor forma de hacerlo es entregarla a los demás. Normalmente piensan primero en los jóvenes, especialmente en los chicos de la calle, de las escuelas, de las bandas, en el sistema judicial juvenil. Saben como es todo eso, y lo que afecta al joven.

Quieren acercarse a esos jóvenes y mostrarles la bondad del círculo. Saben que las bandas son familias sustitutivas para estos muchachos que carecen de verdadera familia, de familia consanguínea que les apoye, y comprenden que todos necesitamos una familia. Quieren mostrarles que el círculo es algo mucho más poderoso, beneficioso y próximo que las bandas en que se agrupan. Quieren hablarles sobre el devenir de la vida entre drogas y delitos y entrando y saliendo de prisión, porque han estado en esa situación.

Para un joven es un timbre de honor, un rasgo de hombría, el pasar por la cárcel. Los hombres de un círculo que lo han pasado mal serían como héroes para estos jóvenes, y podrían hablarles mucho del "honor" de pasar por la cárcel. Ellos podrían tocar los sentimientos de estos chicos, podrían ser los padres, tíos, o hermanos mayores que precisan.

Otra ambición de estos hombres en su nueva vida fuera de los muros de la prisión, sería volver a cruzarlos pero como voluntarios, y organizar círculos para otros presos, al igual que nosotros los organizamos para ellos. Saben, porque no todas las semanas pudimos estar con ellos, que es difícil contar con voluntarios. Recuerdan lo mucho que significaba para ellos el que los ancianos emplearan parte de su tiempo en venir y hacer los círculos, las saunas y los asesoramientos, y desean mostrar su gratitud continuando y ampliando su trabajo.

Muchos de los que esperan salir quieren encontrar de verdad la forma de hacer tales cosas, una organización que les ayude a lograrlo, que les facilite un lugar a donde ir, un lugar de acogida para los presos que salen, y ayudarles a empezar de nuevo, a crear círculos que les apoyen, así como trabajo, alojamiento y asesoramiento cuando sea preciso.

Quieren emprender negocios para emplear a los ex-convictos, enseñarles oficios, ayudarles a ir a centros educativos. Quieren encontrar trabajos que mejoren la naturaleza, plantar árboles, reciclar, trabajar con animales. Quieren ayudar a los jóvenes, crearles oportunidades de trabajo y campamentos para enseñarles sobre la naturaleza y el ambiente.

Los presos buscan crear alternativas a los sistemas juveniles estatales. Facilitar hogares a los jóvenes que lo deseen que funcionarían como el círculo, con amor, apoyo y respeto, seguridad y aperturismo, pero con disciplina y conociendo el tema de la droga, el alcohol, el sexo y el delito como se lo permite su especial perspectiva.

Estos presos conocen los pasos. Han pasado de familia en familia adoptiva, de institución en institución, han estado en ellas solo porque esas personas cobraban por tenerlos, no porque sintieran estima hacia ellos. Nadie tuvo nunca tiempo ni habilidad para tratar de acercarse a ellos, de comprenderlos, de ayudarlos, simplemente les daban órdenes y los castigaban cuando no obedecían.

O se los dejaba completamente solos, porque los padres adoptivos no tenían ni idea de qué hacer cuando manifestaban la angustia, que la vida les había dado en abundancia. En el círculo descubrieron como fue su infancia, y ahora saben como ayudar a quienes lo necesitan.

El primer paso para realizar esa visión es sencillo y viable. Siempre he sido de esas personas que "actúan", que empujan con pocos medios y luego buscan como seguir con el menor coste posible. Ese es el caso de nuestros programas por el momento, y con lo que contamos por ahora, pero para seguir necesitamos dinero y organización, aunque no mucho, para empezar. Para empezar querríamos una vieja granja, o algunas casas de campo en Connecticut, y varios empleados.

Lo primero y más importante sería lograr que los políticos, la administración del Estado, los tribunales, los departamentos penitenciarios y de libertad condicional, nos apoyen de forma experimental. Normalmente no se permite a los condenados juntarse entre sí estando en libertad condicional, excepto en las casas intermediarias del Estado, en AA, o en sitios similares.

Podría controlarnos el departamento de condicionales pero con cierta libertad. Ello no sería muy difícil en Connecticut, en donde la experiencia de nuestros programas ha sido larga y positiva.

El trabajo básico correría a cargo de los propios ex-presidiarios. Los círculos unen tanto que en ellos todos se muestran transparentes. Estos hombres conocen todas las tretas, y podrían jugársela a otro a la primera, pero no entre sí. También serían muy celosos de su programa, querrían que funcione, que sea un modelo para el mundo.

No cabe duda de que podrían surgir obstáculos imprevistos, problemas en los que no se había pensado, pero estos hombres son nobles y juiciosos y estoy seguro de que traerían cualquier nuevo problema al círculo, para trabajarlo y resolverlo, con el aliento y opinión de los ancianos, que les apoyarían.

Así es el comienzo de mi visión. El primer paso. Puedo verla ensancharse. Imagino un vasto sistema basado en estos principios, que eventualmente podría acabar con las prisiones como las conocemos hoy en día, al reducir la delincuencia y ayudar a los perpetradores arrepentidos a dar un giro a sus vidas y prestar un servicio útil a la comunidad, incluso compensando a las víctimas de sus delitos.

Quizá soy propenso a los sueños grandiosos, pero creo en apoyarse en lo posible y práctico, en empezar a actuar, y ver lo que pasa. Este paso es posible y práctico. De momento solo necesita de otros visionarios como yo, que me ayuden a concretarlo, y estaríamos en marcha. Tal vez hacia un mundo totalmente nuevo.

CAPITULO 7. Anotaciones de un anciano.

Medicine Story: Notas de los años 1974 a 1996:

1974: Desde mi primer encuentro en la cárcel, al reunirme con la Hermandad de Indios Americanos (Brotherhood of American Indians), en MacNeil Island, supe que algo iba terriblemente mal en esta sociedad capaz de abandonar a estos hombres. No eran gente "mala", solo personas normales atrapadas en una maquinaria diabólica. Víctimas de la sociedad, de las instituciones sociales, como lo eran quienes los habían maltratado y traicionado, los fiscales retorcidos y los abogados incompetentes.

Pero la sociedad purgaba sus pecados con estos hombres. Los entregaba a instituciones que eran incluso peores que las de la sociedad "libre". Luego les volvía la espalda. Estos buenos nativos habían sido abandonados y olvidados del mundo.

1984: Ahora entramos en una de estas casas de temor y ofrecemos un círculo. Es libre. Abierto. Todo el que esté interesado puede asistir y probarlo. Así vienen algunos por curiosidad, y les parece un tanto raro, queman unos tizones y se dan la mano en oración. Luego se sientan y esperan, y se pasan una vara. Yo mismo, y los demás ancianos venidos empezamos a hablar. Hablamos del círculo. Hablamos de maneras de sanar.

Hablamos de muchas cosas que sirven de ilustración. Y les decimos, *"Hablemos de lo que hay en nuestros corazones, de nuestros sentimientos"*. Y se pide a todos que cuando tengan la vara sean sinceros. Y a quienes escuchan solo se les pide respeto hacia el que sostiene la vara de hablar y que le presten atención.

Luego pasa algo muy raro y maravilloso. Hay uno que sostiene la vara, a quien jamás en su vida habían escuchado con respeto. Nunca había podido ser sincero. Ahora trata de mostrar algo de sinceridad, dice algo sobre sus sentimientos, y eso está bien. Todos dicen, *"Sí. Aun así te queremos. Comprendemos lo que sientes. A veces también nos sentimos así"*.

Y poco a poco, se escucha a todos, y semana tras semana todos tienen oportunidad de expresarse, empiezan diciendo cosas que nunca dijeron a nadie. Empiezan a abrir sus corazones y a ver que no son esas malas personas que siempre se les dijo que eran. Son seres heridos por un sistema malo y que han hecho cuanto han podido para tratar de sobrevivir. Ahora ven que hay mejores formas de sobrevivir sin acabar en la cárcel. El sistema del miedo no tiene que impedirles empezar a querer verlas. Tiene que ser un nuevo sistema de amor que les haga ser ellos mismos, que les permita empezar a buscar la supervivencia en un mundo de temor, a través de un círculo en el que todos se protegen y se apoyan.

1986: ¿Cómo podría describir la fuerza de este trabajo para mí? Hay hombres y mujeres tan machacados por la brutalidad de sus vidas que odian la ley, odian la sociedad normal, se odian a sí mismos y odian a todos. Y aquí estoy yo, sabiendo que bajo esa pesada carga todos son maravillosos, afectivos, inteligentes, seres humanos creativos, capaces de sanar, capaces de entregarse, de sentir alegría.

En su mayoría se han sentido totalmente inseguros incluso para admitirse a sí mismos que tienen sentimientos. En el ambiente de la cárcel, tanto o más que en la calle, es signo de debilidad mostrar otro sentimiento que no sea ira. El círculo, con sus normas de respeto y confidencialidad, es lugar seguro para quitarse la máscara y la armadura. Los hombres ven que se aceptan y que se comprenden sus sentimientos.

Se animan entre sí a abrirse, a desahogarse, y se les aplaude por ello. El mostrar sentimientos y desahogarse se logra incluso más en las clases RC (Re-Asesoramiento) (www.rc.org], al ser más reducidas, (normalmente entre 6 y 12 personas) y requerir mayor entrega. Narran sus propias vidas, rememoran lejanos recuerdos de dolor y de abuso, admiten haber sido maltratados y haber maltratado a otros.

Ello precisa un elevado grado de confianza, lo cual me impresionó, pues sus vidas carecen de la mínima experiencia de lo que es confianza y confidencialidad, ni siquiera con familias o amigos, ni con asesores profesionales. Todos tienen su historia favorita sobre traición a la confidencialidad por parte de abogados, psicólogos y asesores, y no digamos de los casos de "ética profesional".

Aplican de lleno las actitudes y teoría del asesoramiento en sus relaciones, y, sobre todo, al eludir deliberadamente las situaciones hostiles con los demás internos o vigilantes, guardando la calma, no dejándose arrastrar por la angustia, al comprender a sus familias y amigos de fuera, y especialmente, al empezar a sentirse bien consigo mismos. Lo que más me preocupa es que la autoestima y el orgullo, son la principal contradicción para el preso.

Una y otra vez he oído decir a quien tiene la vara: *"Sabes, nunca en mi vida había sentido amor. No sabía lo que era. No sabía que existiera. Pensaba que era un invento, algo sobre lo que se escribían libros y se hacían películas para ganar dinero. Pero ahora sé que existe. Nunca tuve familia, una familia de verdad. Ahora por vez primera tengo una familia. Vosotros sois mis hermanos, y os quiero. Haría cualquier cosa por vosotros. Es algo que nunca había sentido, pero es real".* Y añaden: *"Quiero cambiar mi vida. No quiero volver más aquí".* Todos animan a todos. Dicen: *"No se te ocurra venir a la prisión de nuevo".*

1987. Mi trabajo en la cárcel sigue siendo mi ocupación más importante y satisfactoria. Hay tanto talento y creatividad y tal bondad humana enterrados bajo esas montañas de angustia social y personal de nuestras cárceles, que verlos surgir aunque sea poco es estimulante y alentador. Conocer la teoría de la naturaleza humana y del sobrevivir, y sobre todo lo relacionado con la opresión y la liberación, ha sido una gran revelación para estos hombres, algo que va unido al ser escuchados y respetados por vez primera en sus vidas.

1988. Hace tiempo uno de mis presos favoritos, un joven negro, un rudo y honesto puertorriqueño, contó como empezó a venir al grupo "solo por no estar encerrado". Dijo no saber nada de lo que hablábamos, pero que veía una cosa, que la gente era sincera en el círculo, la más sincera que había visto. En la calle, en donde se crió, y en la cárcel es muy peligroso manifestarse como se es. Hay que crear una imagen que le tape a uno. Pero aquí oyó decir a la gente lo que realmente sentía, hablar de sus temores, enfadarse, incluso llorar abiertamente al emocionarse. Esto hizo un profundo efecto en él. Cambió totalmente su forma de pensar.

Refiriéndose a un reciente enfrentamiento con otro interno dijo: *"Siempre la vida me había enseñado que, si sabes que el otro tiene una navaja y te la va a clavar, tienes que atacar primero. Pero no sé por qué no lo hice. Por vez primera dudé y pensé. No estaba seguro de qué había que hacer. Le miré a los ojos, y vi miedo. Me vi a mí mismo. Vi mi miedo reflejado en él y supe lo que él sentía. Recordé cuanto nos dijeron Slow Turtle y Medicine Story, y allí mismo, delante de todos sus amigos, me di la vuelta y me marché.*

Sabía que podría atacarme allí mismo, porque eso es lo que aprendimos en la calle. Eso es sobrevivir. Sabía que podían pensar que yo era débil, pero sabía lo que costaba hacerlo. Volví a mi celda y no me acosté en toda la noche, llorando y temblando". Este buen hermano ya no toma drogas de ningún tipo, cuida su salud y su físico, y desea organizar un círculo cuando salga, con mi ayuda, y llegar a los jóvenes, procurarles el beneficio que él ha encontrado en el círculo, y ayudarlos a dejar la vida de drogas y delincuencia que le trajo a la cárcel. Él y otros del círculo se ven acosados a veces por internos y vigilantes que confunden su nueva sensatez con debilidad, pero, a pesar de ello, se han mantenido unidos, fuertes y no violentos.

1989. Los presos tienen gran interés por conocer mi idea sobre la opresión. Ciertamente, siempre han sabido que las cosas van muy mal en el mundo, pero este ha sido el primer atisbo que han tenido de como funciona y del hecho de que hay gente no tan mala ni estúpida, que no podría hacer que un buen sistema les sirva a ellos. Incluso algunos han empezado a comprender que los vigilantes y policías son también seres humanos dañados por el mismo sistema, si no, nunca hubieran aceptado trabajos opresores.

Ahora, aunque en su mayoría saben que les queda mucho tiempo, empiezan a pensar en cómo crearse una nueva vida fuera y en buscarse apoyo para sí mismos. Esto son ideas totalmente nuevas, pero con ello se van apagando las inquietudes, y se produce la descarga. Agradecen mucho las saunas, que facilitan la descarga emocional y la hacen deseable.

1991. Me he reunido varias veces con el grupo de apoyo de la prisión, las personas que nos alientan para que vayamos a las cárceles y nos ayudan en lo que necesitamos. Hemos organizado un Green Corn Festival (Fiesta del Trigo Verde) en las dos prisiones, al que se nos unió el grupo de apoyo. Hicimos que cada preso eligiera a un miembro del grupo y formara pareja con él, lo que fue una experiencia muy válida para ellos.

A los del grupo les aterrorizaba entrar en la prisión, sobre todo a las mujeres, que normalmente saben mucho de la violencia masculina, pero vencido el terror, el entrar en la prisión y ver a estos hombres sensibles y afectuosos en nuestro círculo hizo maravillas en ellos. Empezamos trayendo a tres a la prisión una vez al mes, y resultó muy positivo tanto para ellos como para los internos.

También hice que viniera el grupo a mi casa para que experimentara la ceremonia de la sauna, lo que no solo les dio una idea clara de lo que les pasa a los hombres en ella, sino que les sirvió de desahogo, visión y compromiso, e incluso los aglutinó como grupo. Fue una experiencia que todos consideraron que nunca olvidarán, y de la que salieron entusiasmados.

1993. Todos han cambiado mucho con estas clases. Todos se habían sentido muy inseguros y admitían haber sentido emociones, pero todos empezaron, poco a poco, a sentir la seguridad y el bien de exteriorizar algunos sentimientos en la clase. Ello precisa un alto nivel de confianza, lo que me ha impresionado, pues sus vidas carecen de toda experiencia de confianza y confidencialidad, ni con la familia, ni con los amigos, ni con los asesores profesionales (cada uno cuenta su propia anécdota favorita de traición a la confidencialidad por parte de abogados, psicólogos y asesores).

Realmente aplican las actitudes y teoría del asesoramiento en sus relaciones con los demás, y especialmente, al eludir deliberadamente las situaciones hostiles con otros internos y vigilantes, al mantener la calma y apartar su atención de la aflicción, al entenderse con sus familias y conocidos del exterior, y, sobre todo, al empezar a sentirse bien consigo mismos. Mi objetivo principal es lograr la autoestima y el orgullo, lo que supone la mayor contradicción para quien está en prisión.

1994: Hace unos años, mi hijo mayor, Tokeem, (viendo que dedicaba cada vez más tiempo a este trabajo voluntario con los presos y sabiendo lo escaso que ando siempre de dinero), me preguntó: "¿Por qué no dejas las cárceles y te dedicas a algo que te paguen?". Mi respuesta fue que era porque siempre estoy abierto a los compromisos como orador, a contar historias, y a dirigir talleres, pero que con el trabajo en las cárceles me realizaba espiritualmente.

Creo que lo entendió, porque años más tarde me dijo que creía que es bueno lo que hago, y que se alegraba de que lo hiciera.

1995: Las clases de Asesoramiento Re-evaluativo que tuvimos durante muchos años complementaban el círculo. En ellas los presos aprendían la teoría básica del asesoramiento, presenciaban demostraciones, practicaban sus propias habilidades, y exploraban más a fondo el temido mundo de la descarga emocional. Veían que podían permitirse sentir emociones aterradoras, dolorosas e irritantes, y que no iban a enloquecer o estar sonados para siempre, sino que se aliviaban de las viejas pesadumbres, que se hacían fuertes, y pensaban más claramente.

Empezaron a aplicar las nuevas habilidades con otros internos, con los vigilantes, con sus familias. Y empezaron a hacer planes de liderazgo al salir, crear círculos, asesorar, ayudar a los jóvenes a mantenerse fuera de los problemas y de la cárcel. En resumen, comenzaron a ver la posibilidad de mantener el espíritu (Realidad actual) y cambiar el mundo. Ello es una ligera muestra del poder de los círculos nativos de la cárcel para sanar el espíritu.

(Tomado de *Heritage* (Herencias))

CAPÍTULO 8. Cartas desde la cárcel.

He aquí algunas palabras tomadas de los propios presos.

He participado en las actividades de los nativos americanos y en el Círculo Abierto de la Somers Prison (CT) y ahora con el Four Path's en las instalaciones de Enfield. Actualmente trabajo con la Willard Correctional Institution. Los Círculos me atraen tanto que tengo que hacer gran esfuerzo para participar en ellos, pues aquí no los tenemos. Mis raíces están muy firmes en la tierra Madre y mi corazón es tan fuerte como el roble lo es para la gente.

Fui por primera vez a un círculo estando en la cárcel, y llevo ya nueve años en el buen camino. De ningún modo estos años han sido fáciles, pero ha merecido la pena el esfuerzo que me ha costado llegar hasta aquí.

En el círculo he aprendido que estoy bien incluso si cometí un gran error en mi vida y ahora pago por él. También sé ahora que si uno se quiere y se cuida a sí mismo, puede amar y ayudar a los demás. También supe que para sobrevivir en la Tierra Madre, debemos, como un solo pueblo, dejar a un lado los odios raciales y vivir los unos para los otros, ya que todos somos hermanos y hermanas y tenemos grandes cosas que darnos. El Creador no creó personas malas para herirnos unos a otros, y aun así hacemos daño a quienes queremos porque otros nos hicieron daño.

Una vez un anciano me dijo: *"solo pasamos una vez por esta vida, así es que no te molestes en hacerme perder mi tiempo con mentiras y sin dejar hablar al corazón"*. Aprendí lo que es respeto gracias a un trozo de madera llamado "vara de hablar". Esta vara me asustó mucho tiempo pues ni soy ni era de los que gustan de hablar en público ni de decir la verdad de lo que siento sobre algo o sobre mí, solo con la fuerza de los círculos y el amor de mis hermanos y hermanas en ellos, superé mis temores y ahora no tengo problemas en decir la verdad tal y como la siente mi corazón. También aprendí: dí lo que piensas pero no lo digas con malos modos.

Cuando iba al círculo participé también en una clase de Asesoramiento en donde aprendí cómo es realmente el ser humano y sentirme satisfecho por ello. Si no llega a ser por los ancianos (Medicine Story, Slow Turtle, Ed Sarabia), lo más seguro es que ahora estaría muerto, o queriendo estarlo, por odiar a la persona que yo era y no saber como cambiarla. Ahora sé que depende de uno mismo, de él/ella, el que quiera cambiar, lograrlo, pero a veces todos precisamos de alguien cerca que nos haga saber que le importamos, y que está dispuesto a emplear su tiempo en ayudarnos.

Mi meta en la vida es intentar ser como los ancianos, el mayor honor y respeto que puedo ofrecerles es transmitir cuanto me han enseñado a lo largo de los años. Me gustaría empezar un círculo cuando salga de la cárcel, y espero con ilusión el día en que pueda hacerlo. Pienso que debería dedicar mayor atención a la Tierra Madre, pues da vida a todo lo que vive en ella, sin favoritismos, sin odios raciales, a todos por igual.

Solía pensar que cualquier día es bueno para morir, pues mi corazón está en paz con el Creador, pero últimamente veo que es fácil morir, aunque "¡todos los días sean buenos para vivir!". Vivir es algo difícil y temible que hay que hacer a diario. El buen camino es difícil de seguir, pero es honroso y respetable y vale la pena marchar por él el resto de la vida.

"Walk in Beauty" (Caminar en la Belleza), Oakheart (D.C.Underwood), Enfield, CT.

....

Echando una mirada al último par de años, veo un cambio profundo en mi vida. Ya no soy la persona malhumorada y amargada que era. Atribuyo este cambio de mi vida a mi nueva capacidad de abrirme a los demás. Nuestro círculo me ha permitido lograrlo debido a la total franqueza y confidencialidad que había en él. No hay ningún otro sitio en el que la gente odiada y de la que recela la sociedad, pueda juntarse y romper el hielo, abrirse realmente y hablar, y lo que es más importante, escuchar lo que dicen los demás.

Hay tanto bien dentro del círculo que ojalá los de fuera nos dieran una oportunidad. Cuanto más voy al círculo más se diluye mi antiguo yo. Sé que tengo un largo camino por recorrer, pero como dice una y otra vez el abuelo Medicine Story, *"tu caminar comienza con pasos de niño"*. He dado grandes zancadas en mi cambio interno. Pero pensándolo bien, cambiar es un término tan duro. Creo que "redescubrir" es la palabra más adecuada.

Creía que había mucho dolor, ira y desconfianza en mi vida. Ahora veo que mucho era autoimpuesto. Estaba muy resentido con mi familia, amigos, seres queridos y por cómo había acabado mi vida. He llegado a la conclusión de que el problema no era "culpa de los demás". He comprendido que si no pido ayuda, nadie puede saber que la necesito.

Me ha costado treinta años saber esto, y me fue fácil saberlo. Me arrestaron y me metieron en la cárcel. Ese fue mi primer paso hacia la rehabilitación. Sentía que mi vida era una rápida espiral que bajaba hacia ninguna parte.

La cárcel no ha sido nada malo para mí, de hecho, créase o no, ha sido una de las mejores cosas que me han sucedido. Entrar en la cárcel me ha dado la oportunidad que necesitaba para parar y mirarme. Entrar en la cárcel me ha dado mucho tiempo para pensar, y la oportunidad de aprender de verdad sobre mí mismo, y ver cómo mis actos han afectado a gente buena que sinceramente se preocupaba por mí.

En cuanto empecé a coger en mi mano mis problemas se me abrió un mundo totalmente nuevo. El Creador hizo que mi camino se cruzara con Stock Waan (Ed Sarabia) y los Abuelos Manitonquat (Medicine Story) y Cjegkitoonuppa (Slow Turtle). He encontrado el verdadero amor que comparten conmigo y con otros.

No te cogen de la mano y te dicen esto es lo que debes hacer. Fueron más bien historias y experiencias personales las que me hicieron abrir los ojos a lo que es preciso enderezar en mi vida. No me han hecho tragar nada a la fuerza. Solo me ofrecieron "comida", y dependía de mí hasta donde quería llegar, cuanto debía abrir la boca y cuanto quería ingerir. Verdadero amor en la pura esencia.

Con el tiempo, me fui acercando a quienes creía que habrían desaparecido de mi vida. Mi padre y mi madrastra son ahora parte importante de mi vida. Mi hermana, que creía haber perdido hace muchos años, es ahora parte esencial de mi vida.

Finalmente mi esposa, de la que me alejé tanto que aún no sé por qué me ama, todavía me ama. La extendí y cogieron mi mano. Mira, la vida es todo un ciclo. Cuando regresé con el círculo a la Creación, mi vida cambió a mejor. Nunca es tarde para pedir ayuda.

Por tanto ahora sé que no estoy solo, ni soy el inadaptado que una vez dominaba mis pensamientos. Ha sido una lucha terrible. Todavía me enfrento a diario con mis problemas y errores. Ayuda mucho, luchar es un buen método de autodefensa. Quiero a cuantos están y estaban dispuestos a compartir su vida conmigo. Amo a mis Abuelos y Ancianos por dedicarme su precioso tiempo.

Quiero a mis padres y hermana por dejar abierta una línea de comunicación conmigo a pesar de mis actos. Amo a mi esposa por ser una buena amiga y amante. Sobre todo amo a quienes se han acercado a mi camino por darme la oportunidad de hacerme ver que me quiero a mí mismo.

Tall Badger
....

Entrevistas en la prisión estatal de Somers CT.
Mark Hunter:

Los RC me han enseñado a afrontar algunos problemas, me han enseñado a superar la muerte de mi madre. Ya no me siento culpable de la muerte de mi madre, como me pasaba antes. Tampoco culpo de ello a mi padre. Lo hice mucho tiempo. En realidad ya no culpo a nadie de mi familia. Tampoco cargo con la culpa de ninguno de ellos. Durante años quise rehacer mi propia vida, pero no pude hacerlo en mucho tiempo. Ahora me siento más en paz conmigo mismo.

Creo que en mi juventud, cuando vivía con la hermana de mi madre, me volví irascible porque creía que nadie nos quería de verdad, y que mi tía y mi tío tenían que soportarnos a los tres más pequeños. Solo tenía seis años, pero odiaba aquello, cuando tenía que llamarlos mamá y papá casi se me atragantaban las palabras. Estaba lleno de rencor. Por mucho tiempo fui el payaso de la clase. Nunca tomé en serio la escuela. Nada tenía valor para mí, ni siquiera mi vida. Tomé mi parte de anfetaminas y cocaína, de porros y hachís. Traté de matarme de esa forma, quise quemarme con ácido, tomé todo lo que pude. Estuve en el hospital unas cuantas veces. Me vi varias veces en el manicomio. Durante toda mi vida, todo ha sido un problema de mi mente.

Antes de entrar en prisión, no hacía más que entrar y salir en casas adoptivas, en hogares colectivos y en instituciones juveniles, no estuve mucho tiempo en la calle, desde que recuerdo entraba y salía de reformatorios, de cárceles para jóvenes, etc. Luego empecé a liarme con mujeres. Nunca tuve una relación estable, quiero decir seria, honesta. Traté de aprovecharme cuanto pude, tal vez varias de esas relaciones me hubieran ido bien, pero me aproveché al máximo.

Algunas eran de buena familia, tenían dinero y me aceptaban, pero yo no sabía mantener una relación. Quizá eché a perder unas buenas amistades.

Desde que me metí en esto he encontrado mucha gente buena que ha cargado con mi podredumbre y he pagado por ello. Siempre he dicho que esto me salvó la vida. Porque no hubiera vivido treinta y dos años. Era un gran bebedor, me gustaban los estimulantes y la coca. Era un caso al borde de la locura. Pero esta cárcel me ha salvado la vida, me ha librado del alcohol. Me he quitado quince años de vida.

Tengo dos hijas allá fuera, una que no he visto nunca y la otra que probablemente se gradúe cuando yo salga. No quiero salir para trastornar sus vidas. Solo quiero que sepan que estoy allí por ellas. No quiero que mis hijas anden por ahí pensando que otro cualquiera es su padre. No tengo problema en que sepan que he estado en la cárcel.

No digo que sea perfecto y sé que me porté mal. Nunca quise que se me comprendiera ni que se me acercaran. Nunca me preocupó lo que pensaban los demás. Cuando estaba fuera podía andar contigo o con cualquiera y si me dabas un empujón no tenía problema en liquidarte. Pero ahora que estoy aquí con el RC y el Círculo Abierto y la sauna, puedo sostener una conversación y poner interés. He escrito a mi padre, una carta sensata, de un ser humano y no de un tontaina.

Cuando salga a la calle no quiero coger una pistola en mi mano para atracar a nadie, porque he tenido suerte esta vez y solo me han echado veinticinco años, pero con el próximo disparo me quedo fuera de juego, no voy a tener una segunda oportunidad. Tendré casi cuarenta cuando salga.

Ahora la familia es lo más importante para mí. Me quedarán, treinta, cuarenta años cuando salga, tengo que pensar en lo que me conviene cuando salga por la puerta. Si no fuera por los RC y los servicios indios creo que sería peor que cuando entré. Sé lo que soy capaz de hacer y eso me asusta. Nunca me inquietó antes, porque nunca me preocupé. La sauna me ha enseñado a tener paciencia. Ahora aguanto más tiempo encerrado que antes.

Me gustaría salir de aquí, vivir en el campo, trabajar en un McDonald's o algo así. A la gente le parece raro, pero las cosas materiales ya no me importan. Mi vida ha sido un lío tras otro y me ha supuesto pasar por aquí para comprender que algo tiene que cambiar. He visto morir a muchos aquí, de SIDA y de falta de cuidados médicos, no quiero entrar en esa estadística. Me importan cosas como a donde voy a ir cuando salga, puedo estar dentro de la ley, nunca estuve dentro de la ley, no voy a caminar hacia ninguna parte cuando salga, me asusta. No sé, pero soy un superviviente. Ahora veo que hay una meta en mi vida aparte de la cárcel. Tengo algo que hacer. Antes nunca pensé en portarme bien. Ya es hora de madurar. Tengo sentido común y quiero usarlo.

Los RC me han enseñado mucho. Le respeto a usted como ser humano, como a mi abuelo, y le agradezco mucho a usted y a Stacey por acogerme en la clase, creo que si no hubiera sido por ustedes y por el círculo, que me han hecho aflorar muchos sentimientos, sería un miserable aquí metido. Y pienso en usted, en Slow Turtle y Stacey, que gastan su tiempo en venir aquí, no tienen por qué hacerlo, no es como si les pagaran, solo lo hacen por nosotros. Pienso en cosas de ese estilo.

Vinnie Nardone:

Esta noche he oído hablar a mi hermano Mark, ¡y me emocioné!. Cuando pienso en como era, ¡cómo ha crecido!. Sé de que habla. Solía ser sobre el alcohol, las mujeres, el dinero, ah, eso era lo que pasaba. Pero ahora tengo hermanos y familia, y, mentores, esa es la palabra, todos necesitamos un mentor para que nos enseñe el itinerario de la vida. Le aprecio a usted, a Slow Turtle, a Stacey, a Emmy y a cuantos han sacrificado su valioso tiempo para venir aquí.

Es como si toda la vida te culparan, y viene alguien y te dice que la culpa no es tuya, pero tienes que cambiar, te echa una mano y te saca. Y así es, ¿qué es lo que le pasa?. Y le das vueltas a la cabeza. Hasta que pienso, hacer el bien es suficiente para esa persona, comportarse adecuadamente le basta a esa persona. Entonces piensas que quizá puedas echar una mano a alguien y sacarlo adelante. Eso es lo importante.

No quiero que se me olvide esto nunca. Ya lo dije antes: mientras sepa donde estoy sabré siempre a dónde voy. Buscas la siguiente colina, y cuando llegas a ella, la siguiente, y quizá ya seas una buena persona. Mis buenos amigos de Nueva York y Boston de hace quince años, si me oyen decir esto, no creerían que soy yo, ese no es el Vinnie que conozco, dirían que soy blando, pero ¿sabe usted una cosa?. No me importa porque sé lo que está bien y lo que está mal.

Los RC han hecho milagros. El círculo es bueno, sirve de mucho, pero no tiene la base de los RC. El círculo sirve con la tribu que funciona, con gente afable, atenta, pero aquí no hay eso. Esto es una tribu de gente, la mitad no está bien. En el pequeño grupo de RC hay gente que se preocupa.

Medicine Story: Lo que veo, Vinnie, es que todos somos seres humanos buenos, y todos estamos enterrados bajo una capa de angustia, y la diferencia entre el círculo y la clase es que para encontrar a la persona bajo esa angustia se precisa seguridad suficiente para que pueda salir de debajo de ella alguna vez y que sea ella misma. Hay más seguridad aquí en este pequeño grupo que en un círculo grande que siempre cambia, siempre con gente nueva que no conoces.

Vinnie: Bueno, tengo que decirte una cosa. No hay nadie aquí en esta habitación que no sepa el sacrificio que hacéis tú y los tuyos para venir aquí todas las semanas. Por amor, sé que es por amor, porque yo no sé si podría hacerme doscientas millas para allá y para acá, durante años para estar unas horas, a veces dos veces por semana. Es una pasión increíble. Que alguien pueda ser tan bueno conmigo. Muchas gracias.

Medicine Story: Eso depende de lo que haga feliz a uno. Sucede que lo que me hace feliz no es tener mucho dinero, sino el estar aquí con vosotros y ver que hacéis algo, encontraros a vosotros mismos, arreglar vuestras vidas. Y cuando salgáis, como dice Mark, no va a ser fácil.

Lo que pasa es que no vais a andar sueltos, por tanto no vais a perderos fuera. Podréis agarraros a lo que habéis logrado aquí, uno a otro. No soy yo solo, hay quizá todo un medio millón de RC,s por ahí fuera que sienten como siento yo como siente Stacey.

Vinnie: Yo tengo que volver, si con eso puedo pagar lo que he recibido, tengo que volver y dar como tú das. Odio la idea de volver a este lugar y ver todo esto, pero me gusta la idea de ser un ejemplo para mis hermanos, enseñarles que pueden conseguirlo, no tienes que coger esa pistola, no tienes que clavarte esa aguja en el brazo.

CAPÍTULO 9. El fin del delito.

Los Líderes del Futuro Cambian el Mundo.

Tengo una visión.

Al igual que el reverendo Martin Luther King tuvo el sueño de una verdadera igualdad entre todos en América, yo tengo la visión de una sociedad sin violencia. Ha llegado la hora. En todas partes la gente está confusa, a veces desesperada, a veces apática, pero responde a un mensaje de esperanza. En el umbral del siglo veintiuno hay más esperanza que nunca en toda la historia de la humanidad.

Conforme se acerca el nuevo siglo, hay más gente preocupada por los problemas que nos afectan. Más gente que nunca es consciente de los errores del pasado y ansía un mundo nuevo y mejor. Cada vez se entrega más gente a la paz en todo el mundo. Cada vez son más las mujeres conscientes de su poder y que arrojan los grilletes del patriarcado.

Casi hemos eliminado (no del todo) la esclavitud, y ciertamente ha cambiado totalmente la actitud de la sociedad frente a ella. Se han resuelto los problemas técnicos de la enfermedad, de la alimentación y del alojamiento para muchísima gente. Hemos visto los estragos de nuestra explotación del ambiente y estamos aprendiendo a repararlos y a vivir en un estado de total armonía con la naturaleza. Los nuevos métodos de comunicación electrónica hacen posible conocer los problemas y conectarse para resolverlos mejor.

También la psique humana ha sufrido un profundo cambio en la última mitad del siglo veinte. Un hambre espiritual ha empujado a la gente a revisar las viejas tradiciones y descubrir nuevos caminos hacia la madurez y la concienciación. Más gente que nunca en la historia de la humanidad es consciente de su pasado, de su entorno, de su humanismo y del de otros pueblos con otras culturas.

Se publican más libros sobre temas de salud y desarrollo espiritual y psicológico, hay demanda de profesores de estas materias y cada año surgen más para compartir sus apreciaciones, son cada vez más las personas que asisten a conferencias y festivales, y comparten tradiciones, apreciaciones y descubrimientos.

Hemos empezado, todavía en pequeña parte, a resolver el problema de la violencia. Solo estamos empezando a entender la naturaleza del problema. La paz no llega con la firma del tratado de paz. No se han superado las causas de la guerra, y todavía brotará, como ha pasado una y otra vez con miles de tratados durante seis mil años. Las causas de la guerra se asientan en la opresión y en los estragos que la opresión hace en la psique humana. Ahora sabemos que no habrá paz mientras no encontremos la paz en nuestros propios corazones y podamos llevar esa paz a los corazones de todos los seres humanos.

La cuestión, ciertamente, está en cómo hacerlo. Una clave es que hemos aprendido, a través de tanta investigación, aprendizaje y experimentación, a llevar la paz a los corazones de los individuos a pesar de la opresión. Todas las religiones lo han estado haciendo durante siglos. Pero no han superado al mismo tiempo la opresión, no la han eliminado de nuestros modos e instituciones sociales (y para nuestro pesar, nuestras religiones se han aliado muchas veces con la riqueza y el poder, la injusticia y la desigualdad), y la fuerza de la opresión retorna siempre con nuevos disfraces a través de los siglos para sumirnos en el desorden y el conflicto.

Si queremos que haya paz en nuestros corazones debemos, al menos, tener la esperanza de la libertad. Debemos comprender la opresión y participar en un gran, pero ilusionado, apasionado y alegre, compromiso para su eliminación. Hace unos años me invitaron a hacer unos seminarios dentro de una conferencia sobre paz y no-violencia. La conferencia derrochaba ironía, pues tuvo lugar en un moderno y lujoso complejo con todas las comodidades para los ricos, a unos cientos de millas de donde la limpieza étnica estaba sumiendo a viejos pueblos en un horroroso baño de sangre.

Los últimos dos días de la conferencia, todos los profesores tenían que juntarse y elucubrar sobre paz y no-violencia ante la audiencia de participantes. Como el mayor del grupo dejé que los demás profesores hablaran antes. Nos sentamos en un estrado elevado, tras una larga mesa, con placas con nuestro nombre y micrófono ante cada uno. Un educador habló de educación para la paz, un psicólogo de terapia para la paz, un asistente social sobre mejores proyectos sociales, un monje budista dijo que debíamos meditar sobre el camino de la paz, y una conocida profesora de espiritualidad femenina dijo que con solo dejarlo a las mujeres, ellas lo solucionarían.

Cuando hablé yo, dije que estaba de acuerdo con los demás oradores. Pero que me daba la sensación de que el problema de la violencia de la sociedad era mucho más vasto y más complejo de lo que generalmente creemos. La violencia está tan entretejida en la urdimbre de la civilización que solo la reconocemos cuando es abierta y física. Pero, en efecto, la violencia física es solo la manifestación externa de algo que se ha estado fraguando por dentro durante cierto tiempo. Hay conflictos internos muy profundos en nuestra civilización, que han surgido en forma de guerras o han brotado en forma de delito durante seis mil años.

No hemos reparado en que conflicto y violencia forman parte de todas nuestras instituciones y afectan a todos los aspectos de nuestras vidas desde la cuna hasta la tumba. Los conflictos surgen cuando la gente se siente controlada sin su consentimiento, cuando no participa en las decisiones que les afecta, y esto es el inevitable efecto de la jerarquía, base de todas las instituciones de la civilización. Gobierno, negocios, educación, medicina, difícilmente podemos dar un paso en la vida que no esté bajo el control de alguna burocracia.

Consideren esta bien intencionada y moderna conferencia de paz, les dije. Ni siquiera vemos que está aquí presente cuando hablamos. Aquí están los "expertos", destacando sobre vosotros, honrados con sus nombres en placas y con el símbolo de poder del micrófono individual. Nosotros hablamos, ustedes escuchan y toman notas. Esto es jerárquico y opresivo. También ustedes tendrán algo que decir. La no-violencia es algo distinto para cada uno de nosotros, y todos tenemos alguna experiencia útil e ideas válidas de ella que ofrecer al conjunto de nuestra comunidad.

La violencia es inherente a la desigualdad, y toda jerarquía es desigual, una pirámide, con mucha gente abajo que sostiene a los pocos poderosos y ricos de la cima. La antítesis de la pirámide en sentido social es el círculo, les dije, y durante un millón de años, los seres humanos han funcionado muy bien con él. Es la formula que mis antepasados mantuvieron intacta y que fueron pasándose, y nos dijeron que no era exclusiva nuestra, sino parte del Orden Original para que entre todos los seres humanos pudiera haber equilibrio y armonía.

Para mérito suyo, las buenas personas que organizaron la conferencia prepararon otra para el día siguiente. Me pidieron que trajera la vara de hablar que utilicé en mis seminarios, que, naturalmente, fueron círculos, en los que los participantes formaron una espiral (eran muchos para un círculo), y la vara iba pasando por todos desde el centro hasta el final. Todo el que cogía la vara decía algo de este estilo:

"Ha sido algo así. He escuchado varios días a los profesores y no he tenido ocasión de hablar. Yo también tengo algo que decir, y me parece bien que ahora puedan escucharme". Y normalmente seguían diciendo algo así: *"Esta vara de hablar y el círculo me gustan. Cuando vuelva a casa tras esta conferencia, lo usaré yo también. Haré círculos con mis grupos y les daré una vara al hablar, así empezaremos a liberarnos nosotros mismos y a sentir nuestra fuerza.*

En todos los círculos que he organizado en muchos países y culturas he visto la misma reacción. La gente lo acepta al instante, como algo familiar, un viejo sueño. Y debe ser así, porque nuestros antepasados lo hacían así cuando vivían en armonía con la tierra y las demás criaturas y entre ellos. Muchas culturas tienen su mito de una Edad de Oro en el pasado, cuando todo era belleza y armonía. Hay mucha verdad tras todos los mitos. Yo mismo he vivido en diversas ocasiones en comunidades que todavía no han superado esos tiempos, y he experimentado esa belleza, esa paz y esa armonía. Sé que existe y es un derecho de nacimiento de todos nuestros hijos.

Tengo gran esperanza en ello. La esperanza es el alimento del ideal, de la visión, y ella me lleva a mi visión de un nuevo camino hacia la paz, al fin de la violencia. Puesto que la violencia no ha estado presente en todas las sociedades, y ha sido mayor en unas que en otras, podemos considerar sanas las comunidades relativamente pacíficas y enfermizas las violentas. Debemos estudiar los modelos sanos y encontrar remedio para este mal.

Para curar una enfermedad estudiamos a quienes están sanos y a quienes la tuvieron y la superaron, tratamos de crear anticuerpos que la ataquen, y para prevenirla buscamos vacunas con partículas de esa enfermedad ya transformadas.

Me parece muy lógico el que la mejor información, el mejor estudio y la mejor medicina curativa se encuentre entre los ex-criminales que han experimentado toda la gama de la opresión y el daño, que han perpetrado fuerte violencia sobre sí mismos y sobre otros, y que se han curado, han reorientado su conciencia y su psique, y los actos a que dan lugar, a un estado de salud, pasando de la violencia a la paz mental, del dolor, el temor, el odio y la desesperanza al amor, la esperanza y el gozo de vivir.

Un amigo me preguntó hace años si creía que mi objetivo de cambiar el mundo y preparar líderes para realizar ese cambio se conseguiría mejor con el tiempo de voluntariado que dedicaba a las prisiones. Pensé mucho sobre esa pregunta. Finalmente decidí que mi instinto era bueno. Ese era el lugar exacto en donde preparar líderes para el futuro.

El crimen, la violencia criminal y doméstica son endémicos en esta sociedad. Para nuestra vergüenza tipifican y en cierto modo simbolizan la civilización. Podemos sentirnos orgullosos de nuestra sublime filosofía y de nuestro arte, de nuestras maravillas tecnológicas, de nuestros avanzados conocimientos sobre salud y medicina, pero nos da miedo andar de noche por las calles de nuestras ciudades, luchamos contra nuestros temores cuando nuestros hijos no están en casa, y los estragos de la droga y el delito visitan todas las familias.

Para vencer la enfermedad del crimen, sugiero acudir a los expertos, a los que conocen el delito desde dentro, que han sido criminales y tras salir de esa vida han comenzado a entender los factores que los atraparon. Conocen la enfermedad con detalle, han sentido sus causas y efectos por propia experiencia, y han encontrado remedio. Una remedio que puede enseñarse, un remedio que pueden enseñar.

Para cambiar el mundo, lo más importante para mí es la paz. Hubo un momento en el que me sentía tan desalentado con la sociedad humana y sus opresiones, que estuve a punto de abandonar. Veía que los seres humanos destrozaban la tierra y el resto del mundo natural, que no podía defenderse por sí mismo. Si de repente se llevara a todos los seres humanos a otro planeta, la tierra se recuperaría e iría bien.

El resto de la Creación estaría en armonía, eran los seres humanos los únicos que habían creado el problema. Y mientras más son, peor van las cosas. La superpoblación es sin duda el mayor peligro aislado para la vida. Y aparecieron mis peores presagios, vengan guerras, que se maten los unos a los otros. Quizá sobreviva suficiente gente pacífica, los pueblos indígenas, que quieren vivir en armonía e igualdad, para proteger y cuidar la vida.

Pero otros investigadores de la paz me han hecho analizar esa postura y tener una nueva visión. Si vemos que la paz no es cosa de tratados y acuerdos entre naciones, o de despliegue de tropas de las Naciones Unidas, entonces veremos que no podrá haber paz hasta que no haya paz en nuestros corazones. Y no habrá paz en nuestros corazones mientras no nos curemos de nuestros daños y heridas individuales, y no nos libremos del aplastante peso de la opresión. Muchos pueblos, en todo el mundo, han empezado a hacerlo, poco a poco. Tenemos que aprender a llegar al prójimo, curarnos unos a otros, y unirnos a los demás para crear instituciones más justas, más humanas, más deseosas de igualdad y flexibilidad.

He visto renacer la paz en lugares con la más oscura furia y violencia, en los corazones de los enterrados en la ignorancia y la desesperación, en corazones que nunca sintieron el amor, que nunca fueron alentados por el gozo, que jamás conocieron la belleza. He visto hombres, a los que la sociedad llamaba monstruos, y que pensaban que eran monstruos, deformes, cruel error de la naturaleza, resurgir de su dolor y encontrar al niño perdido a quien la sociedad había traicionado, y que con el amor y el cariño de ese niño quieren acabar con el dolor y el sufrimiento de todos los niños del mundo.

John F. Kennedy tuvo una visión de paz. La llevó a la juventud americana y la invitó a servir en los Peace Corps (Cuerpo de Paz). Respondieron millones, en los que la esperanza de paz y justicia no había muerto. Confieso que no sé mucho de ese movimiento. Sospecho que, al igual que todos los organismos gubernamentales, funcionará bajo el peso de la burocracia y la jerarquía, pero no obstante floreció por el deseo de la gente de hacer el bien, y ha hecho mucho bien.

Y yo también tuve una visión. Tuve la visión de un nuevo tipo de cuerpo de paz, no gubernamental, ni político, ni burocrático, pero surgido de entre los oprimidos de todas las culturas y naciones. Los pacificadores serían los ex-criminales, aquellos cuyas vidas fueron redimidas mediante el círculo, mediante la igualdad y el respeto.

Busco líderes de líderes. No para crear jerarquías, sino para enseñar a la gente a ser líderes, a tomar responsabilidades, a trabajar con los demás y resolver sus problemas juntando sus mentes. Cuando reúno a varios en un círculo, los animo a organizar nuevos círculos, a enseñar como se hace en el círculo. Es fácil enseñar, porque la gente lo capta enseguida, lo comprende a fondo. Solo les falta la experiencia de los ingredientes esenciales de respeto, atención y apertura de corazón y mente, pero aprenden pronto.

Creo que si en cada círculo de diez o veinte de los que enseño, hubiera solo dos o tres capaces de formar un círculo con otro grupo, y que de ese otro círculo dos o tres formen otros círculos, y así sucesivamente, ¡en unos años podríamos cambiar la conciencia del mundo entero!.

Una gran visión. Pero los grandes sueños comienzan con poco. ¿Podemos acabar con el crimen y la violencia en el mundo?. No, si decimos que es imposible. No, si nos limitamos a creer que la violencia es normal y debemos aceptarla y hacerle frente con más violencia.

Si algunos seres humanos pueden acabar con la violencia y el crimen que ellos mismos perpetraron a lo largo de su propia vida y convertirse en seres humanos pacíficos, respetuosos, prudentes y creativos, cosa que pudieron e hicieron, también podrán mostrar a otros lo que les sirvió a ellos.

En vez de odio, temor, envidia, competición y conflicto que crecen como el cáncer, podremos poner en la vida de los demás respeto, amor, reparto, cooperación y armonía, que también crecen, como medicina. Esta es la medicina que, una vez encontrada, debemos practicar porque todos desearíamos tener amor y alegría en nuestras vidas en vez de penas, temores y tensiones. Si, eureka, creo haber descubierto a los mejores líderes potenciales para una sociedad no-violenta en los lugares más insospechados.

Presento aquí mi visión para que la consideres: Un Cuerpo de Paz de ex-criminales contra el crimen y la violencia. Quizá no sirva. Probablemente no servirá si de ningún modo esperamos que sirva. Quizá solo se consiga un poquito de bien, pero eso sería más de lo que hay ahora. Y la única forma de estar seguro de que no funcionará es no intentarlo nunca.

191

EPÍLOGO.

El terrorismo y la violencia política nos preocupan grandemente en este fin de siglo. No son el objeto de esta disertación, pero esta locura masiva, al igual que los asesinatos en serie y los crímenes sexuales, podría vencerse con la curación de toda la sociedad, para lo cual estos programas pueden ser un factor importante.

Cuando visité por primera vez una prisión en 1974, me sentí profúndamente conmovido, profúndamente turbado. El sentido de la justicia y la injusticia ha sido siempre muy fuerte en mí, y allí vi un reflejo de lo que supe era la punta de un enorme iceberg de injusticia perpetrada contra mi pueblo, contra buenos hombres nativos, sus familias y sus comunidades. Desde la infancia tuve claro que la tierra pertenece por igual a todos los que en ella habitan, que todos los pueblos tienen igual derecho a compartir sus dones y son responsables por igual de cuidarla y de cuidar a los demás seres, nuestros parientes.

Parte del proceso de madurar consiste en darse cuenta con pena o con rabia del gran número de pobres que hay, de cuantas personas no tienen comida suficiente, refugio y medicinas, y que un grupo reducido de hombres ricos y poderosos posee y controla prácticamente todos los recursos de la tierra. Este desequilibrio crea gran angustia entre los pobres e impotentes y los empuja a la violencia, la rebelión, el crimen y las drogas, y yo incluiría aquí tambien la conducta sexual aberrante.

Consideré que hace cuatrocientos años no había prisiones en Norte América, no había policía, no había tribunales, ni jueces, ni abogados ni leyes ni estatutos, ni criminales (¡un filósofo chino dijo: "Donde no haya leyes no habrá criminales"!), solo seres humanos que a veces cometían errores y los ayudaba la comunidad para rectificar y restituir por lo mal hecho.

Quienes viven en un círculo no precisan leyes. Pues en el círculo todos son iguales, todos son humanos y por tanto comparten, se preocupan y se guían, en corazón y mente, por su humanidad común. La forma en que hemos vivido, en el círculo, la gente no iba robándose unos a otros, no había gente que secuestraba, embaucaba, extorsionaba o que maltrataba, entre sí o a otros, por culpa de la droga o el alcohol. Las personas que viven en el círculo, una verdadera comunidad, se apoyan unos a otros, cuidan de los demás, y si alguien se ve en dificultades, todos le apoyan.

En una verdadera comunidad, si alguien hace algo mal, no se le mete en una jaula, se busca como puede reparar el daño causado, se hace algo por quienes se han visto dañados, y se trata de ayudarle para que no cometa tal fechoría otra vez. Pero ahora no se construyen suficientes cárceles. Hay más de un millón de personas en prisión, solo en los Estados Unidos (más personas per capita que en cualquier otro país), y hay miles de personas que los tribunales quieren enviar a la cárcel pero no pueden porque no hay sitio, y las prisiones están superpobladas.

Hay un boom en la construcción de cárceles y las oportunidades de empleo, que crecen, no disminuyen, lo son para cárceles. A veces pienso que pronto seremos un país en donde todo el mundo estará entre rejas o vigilándolas.

La sociedad no puede cambiar ni corregir sus injusticias de golpe. Requiere tiempo, paciencia, ideas, voluntad, motivación, algún plan. Y visión. Aquí, nuestro programa para cárceles es algo que ya está funcionando. Una pequeña parte de la sociedad está cambiando a mejor. Y es una parte importante, porque está muy próxima a nuestros males, la desigualdad, la injusticia y la violencia básicas de la sociedad.

Poca gente ha pensado siquiera en este problema. Es fácil dejárselo al gobierno, a los celadores de la ley, los tribunales, los sistemas correccionales. Pero eso no marcha. No se soluciona nuestro problema, va a peor.

En los Estados Unidos más de un millón de personas, que empezaron la vida como niños inocentes, alegres, curiosos y esperanzados, fueron atrapadas por una espiral descendente y destructiva, que acabó destruyendo sus propias vidas y las de otros, y languidecen tras los muros sin saber como recuperar sus vidas, ni incluso que pueda existir tal posibilidad.

Espero que este escrito llegue a gente que se preocupe, que piense en estos hombres y en los progresos que han hecho, y en la posibilidad de ampliarlos y de hacer que su éxito esté al alcance de todos los presos, ex-presidiarios, y criminales potenciales de la calle.

Por el momento este programa funciona en ocho prisiones. Ninguno es lo completo que me gustaría que fuera, pero estamos logrando un gran efecto con un mínimo de tiempo, de dinero y de personal. Tres de nuestros ancianos están muy enfermos como para seguir yendo a las prisiones, uno ha muerto y dos trabajan en otras comunidades de

Canadá y Alaska. Además de mí, solo contamos con un anciano en New Hampshire y su ayudante muy entregado, y un anciano en Connecticut con dos ayudantes muy entregados. Todos dedican su tiempo voluntariamente y se costean los desplazamientos.

No contamos con fondos de ninguna clase del gobierno o de grupos privados. Como soy el único que va a todas las cárceles (en la actualidad siete de ellas) mis propios gastos son considerables. Los paga la corporación sin ánimo de lucro que co-dirijo, Another Place, Inc., que también es dueña del lugar donde vivo y en donde hacemos las reuniones para ex-presidiarios y el público en general.

La única pega es que Another Place no recibe fondos de ninguna otra organización, y se apoya en pequeñas donaciones de personas benefactoras y de los participantes de sus programas, lo que es una pequeña parte de los ingresos. La fuente principal de ingresos de Another Place es mi propio trabajo, conferencias, seminarios, y narraciones en escuelas, colegios, grupos privados, festivales y otros eventos por toda Norte América y Europa. Ello me lleva mucho tiempo en viajes para solo conseguir el nivel mínimo que tenemos ahora en las prisiones.

Está muy claro el nuevo paso que debemos dar para ampliar esta acción. Precisamos gente y dinero. Necesitamos varias personas entregadas capaces de crear una organización, y necesitamos dinero suficiente para pagarlas a ellas y a otras que rijan esa entidad. Dos cosas muy importantes a llevar a cabo son: publicidad, para que la gente conozca los programas, y lograr el apoyo del gobierno y de organizaciones privadas, y recaudar fondos, para seguir con la ampliación de la organización y llevarla a otras partes del país y fuera de él.

Me he dirigido a grupos y he visitado cárceles en Escandinavia y Alemania, y están muy interesados por esta actividad. Por toda Norteamérica hay ancianos nativos y hombres de la medicina que emplean su propio tiempo y su dinero en ir a las cárceles para organizar círculos y saunas. Esto no lo sabe el público en general, y esa gran actividad también es digna de apoyo.

No es fácil conseguir voluntarios para programas como éstos, porque la mayoría de la gente tiene que trabajar para vivir en un puesto fijo que no le deja tiempo para visitar las cárceles. Hay algunos ancianos jubilados, estudiantes que podrían encontrar tiempo, y gente que, como yo, trabaja por su cuenta y organiza sus propios calendarios, pero viajar también cuesta dinero, y es triste pero cierto, que quien tiene corazón y devoción para dedicar su tiempo y energías a estas cosas, raramente es gente de dinero.

Pienso que con mayor publicidad y sensibilidad pública saldría mucha gente de esos grupos que desearía dedicar tiempo a hacer algo interesante, y que estaría entusiasmada sabiendo que podría hacer algo tan importante y útil como esto.

Al principio yo podría preparar a varias personas para hacer este trabajo y que empiecen a formar a otras. Luego podrían continuar por sí mismas, sin mi constante atención. Solo para continuar el programa, sin ni siquiera ampliarlo, ello debe hacerse pronto, porque yo ya soy tan mayor como los otros ancianos que han caído enfermos, y, aunque doy gracias al Creador a diario por mi buena salud, sé que no voy a estar aquí siempre.

También está mi otra visión: el lugar y el programa para los presos que salen. Como obviamente no soy cada vez más joven, me gustaría poder empezarlo, pues sé que al principio ocuparía la mayor parte de mi tiempo y de mi atención. Aquí también necesitamos dinero, adquirir un lugar y costear un pequeño grupo de personas con dedicación plena.

Los pasos siguientes son muy importantes. Podrán ser cortos pero marcarán la diferencia entre una organización en marcha y creciente que se perpetúa, y un puñado de ancianos que trata de hacer, de forma espontánea, lo que su salud, su dinero y su tiempo les permite. Puedo ver esos pequeños pasos con claridad, y puedo apoyarlos, ayudar a la organización a salir con el pie derecho y marchar en la buena dirección. Pero luego debo dejarla. Debo pasar a mi siguiente tarea.

¿Y la visión?. Sí, puedo imaginarme una organización que se hace tan grande como la Cruz Roja Internacional, que trabaja junto con Amnistía Internacional y demás grupos que luchan por la justicia y los derechos humanos. ¿Cómo se llamaría?. No lo sé. Corresponde a otros decidirlo cuando llegue el momento. Pero a mí me gusta el nombre que los propios presos escogieron para el primer programa que pusimos en la Prisión Somers de Connecticut: El Círculo Abierto.

Los presos lo llamaron así con orgullo porque estaba abierto a todo el que acudiera con respeto, porque querían recordar que una parte importante del círculo era abierta y honesta con uno mismo y con todos, y porque vieron que el círculo no estaba solo, no era exclusivo, sino que era una parte de todos los círculos del universo, y todas las cosas del universo eran parte de su círculo, abierto a la Creación.

Esto es lo que pienso de lo que hace el círculo. Es igual en todas partes y está abierto a todos. Es seguro que no podremos vivir en paz en este bello mundo mientras no lleguemos al alma de cada uno y les llevemos la paz. Para mí está claro que la forma de sanar a la sociedad de su violencia, de su lucha por el dominio, de sus temores y hostilidad, de sus egoísmos y adicciones, de su soledad y aislamiento y falta de amor, es sustituir la pirámide del dominio por el círculo de la igualdad y el respeto.

El gran don de mis mayores es el círculo, que lo contiene todo, el universo y el saber vivir en paz y felicidad. A través del círculo he visto y he podido dar a los demás curación y esperanza. Teniendo tiempo para atravesar las capas de la angustia, el círculo puede tocar y cambiar a todos. Porque todos los seres humanos en el fondo quieren lo mismo.

Una vez que lo sabemos todos queremos vivir en paz. Queremos ver satisfechas nuestras necesidades básicas. Queremos respeto. Todos queremos libertad. Queremos una vida libre del estrés, interesante y alegre. Queremos aprecio, afecto, acercamiento a los demás seres humanos, queremos amar y ser amados.

Estas son todas las cosas que podemos darnos unos a otros o quitarnos unos a otros. Cuando las damos las recibimos, cuando las retenemos las perdemos. Pero para desear paz, respeto, libertad, alegría, amor, necesitamos haberlos conocido alguna vez. Si alguien no los ha experimentado nunca, nunca podrá creer en ellos.

El círculo es la mejor forma de hacerlo posible.[9]

---

[9]La prueba de fuego de cualquier programa de rehabilitación es como te sentirias si un expresidiaro fuera tu vecino. Yo he conocido a graduados en el programa de Manitonquat. Tienen mas sabiduria que las personas normales.

RECURSOS

Si desea contribuir a este programa puede contactar:

METANOKIT PRISON PROGRAM: ANOTHER PLACE, INC.
167 Merriam Hill Rd
Greenville, NH 03048 USA
Tel: (603) 878-2310 [Manitonquat solo habla Ingles]

Las donaciones pueden dirigirse a Another Place, Inc. Corporación sin ánimo de lucro, bajo la sección 501(c)(3) del Internal Revenue Code.

También está a su disposición, por Manitonquat (Medicine Story):

RETURN TO CREATION (REGRESO A LA CREACIÓN). Manual de Supervivencia para Comunidades Nativas y Naturales.

THE CHILDREN OF THE MORNING LIGHT (LOS NIÑOS DEL AMANECER). Cuentos de Wampanoag.

HERITAGE (HERENCIA). Revista de la Liberación Nativa (Num. 3)
Editado por y con artículos de Manitonquat y casettes de Cuentos y Poesías Nativo americanas.

Manitonquat trabaja actualmente en un manual para comunidades autosuficientes y saludables, que se prevé podrá adquirirse a finales de 1999.

Otra obra relacionada con este manual:
Houses of Healing (Casas de Curación). Robin Casarjian Lionheart Foundation, POB 194 Back Bay, Boston, MA 02117.
The Intender's Handbook, Tony Burroughs [disponible en Español en www.intenders.org]
The Emotion Code, Bradley Nelson

Manitonquat ofrece una amplia gama de seminarios y presentaciones narrativas, tomadas de la cultura Nativa Americana, que van de la comunidad saludable a la sexualidad sana y otros temas diversos. Los programas pueden adaptarse a los intereses del cliente.

Para aquellos lectores interesados en las narraciones, América ha experimentado un resurgir increíble en el tema. Incluso podrá encontrar grupos locales en su biblioteca pública, en centros culturales o en escuelas cercanas. La siguiente lista contiene solo organizaciones nacionales, solo la NSA tiene más de un centenar de filiales, todas con su propia conferencia anual.

NACIONAL

National Storytelling Association POB 309 Jonesboro, TN 37659-0309 www.nsa.org

Resulta difícil transmitir en letra impresa la particular forma de llegar al corazón de un buen narrador. He aquí algunos libros que a mí me han gustado:

My Voice will go with you: The Teaching Tales of Milton H. Erickson (Mi voz irá contigo: Cuentos didácticos de Milton H. Erickson). Rosen, Sidney. Nueva York: W.W. Norton & Co., 1982.

Journey to the Ancestral Self (Viaje al yo ancestral). Song, Tamarack. Sation Hill Press, 1994. Sera disponible en Espanol.

Las comunidades indígenas saludables siempre tienen algún tipo de folklore que incluye un círculo. Los bailes populares son un método tradicional de liberar energía kinestética. Para grupos de bailes populares puede consultar la "Enciclopedia de Asociaciones" de su biblioteca o buscar información a través de Internet. Un centro que ha recopilado buen número de tradiciones indígenas es el siguiente:

Dances of Universal Peace, North America
PO Box 1401 Blythe, CA 92226-1401
www.dancesofuniversalpeace.org

El editor incluye además el siguiente material:

MÁXIMAS

El respeto es el centro del círculo de la comunidad.

Hay un núcleo de bondad en el centro de todo ser humano, con independencia de lo que pueda parecer. Se puede acceder a él con paciente y atenta persistencia.

La cooperación es lo que hace a las personas seres humanos.

Preguntamos al corazón lo que hay que hacer y a la cabeza cómo hacerlo.
(Del cuento del Primer Hombre y la primera barca).

Los buenos resultados vienen de las buenas decisiones.
Las buenas decisiones proceden de la experiencia.
La experiencia surge de las decisiones pobres en donde se aprende la lección.

Las soluciones divertidas son las buenas decisiones.

Cuantas más leyes y restricciones...

más pobremente crece la gente.

Cuanto más afiladas las armas...

más conflicto en la tierra.

Cuando más inteligente se es...

más cosas extrañas suceden.

Cuantas más normas y regulaciones...

más ladrones y atracadores.

(Lao Tse, *Tao Te Ching*, #57)